高宇 著

U0961142

长安处处有故事

西安地理

陕西新华出版传媒集团
陕西人民教育出版社
·西安·

图书在版编目（CIP）数据

长安处处有故事：西安地理 / 高宇著．-- 西安：陕西人民教育出版社，2016.9（2022.7重印）

ISBN 978-7-5450-4407-2

Ⅰ．①长… Ⅱ．①高… Ⅲ．①城市道路—介绍—西安市 Ⅳ．① K294.11

中国版本图书馆 CIP 数据核字 (2016) 第086635号

Chang'an Chuchu Yougushi Xi'an Dili

长安处处有故事

西安地理

高宇　著

出版发行　陕西新华出版传媒集团
　　　　　陕西人民教育出版社
地　　址　西安市丈八五路 58 号
邮　　编　710077
网　　址　http: //www.snepublish.com
印　　刷　陕西金和印务有限公司
成品尺寸　165 mm×240 mm
印　　张　17
字　　数　200 千字
版　　次　2016 年 9 月第 1 版
印　　次　2022 年 7 月第 19 次印刷
书　　号　ISBN 978-7-5450-4407-2
定　　价　39.00 元

序　听得见的西安城

王福豹

原陕西广播电视局局长

开车上下班路上，最方便接触的媒体当属广播，来台工作之前，常听台里的广播节目，FM91.6陕西交通广播当然是我常听的频率。当时听到《长安处处有故事》这个节目，就深深吸引了我。节目很短，只有三分钟，高大哥娓娓道来西安地名的来历，让更多的人知晓了莲湖路、窦府巷、广济街这些脚下的历史，也熟悉了有关朱雀门、长乐坡、钟鼓楼这些地标性建筑的故事，让生活在这里的我们更加了解家乡，更加热爱这片土地。

前不久，交通广播的总监拿来一摞稿子，说《长安处处有故事》这个节目以地名为切入点讲古都西安的人文历史，播出了三年，很受欢迎，想把节目内容结集成册。可以看得出，为了编排、制作这个节目，作者是下了一番功夫的。史料搜集、典故考据的过程，需要抽丝剥茧，需要归纳提炼，是一项非常庞杂而艰苦的工作。节目中所呈现的内容，有信史有野史，有典籍记载也有坊间传说，但编者选择材料时紧扣趣味性原则，语言风趣，内容鲜活；文史兼顾，纵横古今；加之篇幅短小，让人听来兴味盎然。

西安这座城，本身就是一部厚重的典籍。一个西安市民，或许能讲些西安的名胜小吃、风土人情，但对于西安角角落落地名的由来，恐怕难以说得清楚。即便是一个土生土长的西安人，也未必能说出个子丑寅卯。作为地方媒体，这本书讲述的内容，无论对于西安人还是游客，都是饶有兴味的话题。每次选取一街一巷，或一门一楼，或一村一院，讲述她的过往，她曾经的模样，它的小名、别名、曾用名，她在历史烟尘中流变的轨迹，曾有何方神圣在此驻足，曾有哪出惊天大剧在此上演……听这个节目，你未必能记住其中一个个历史典故或精彩故事，但一定会给你留下一个印象，那就是古城西安的丰富与厚重，她的绚丽与博大；城里的每一处地名，都包含着说不尽的故事，都透着西安城古往今来的风韵。

在当今这个新媒体爆发式成长的时代，我们的阅读方式已无可避免的碎片化，微信和微博成为碎片化阅读的绝佳载体。而《长安处处有故事》这样的节目正契合了碎片化阅读这一潮流，只不过是换了一种方式，通过广播来阅读一个城市的街巷角落，市井喧嚣；日积月累，用耳朵感知一座城市的前世今生，沧桑巨变。

“听书”在中国由来已久，但广播媒体的“听书”范围可以进一步拓展，不仅仅是评书小说、古今传奇，也可以是《长安处处有故事》这样富有趣味、短小精悍的地名知识和历史故事，甚或其他类别的传统文化系列。节目积累到一定程度，再结集成册，又是广播节目形式的延伸与拓展。由此可见，以陪伴为特色的广播媒体，在弘扬传统文化、讲述陕西故事方面还有很多可为之事。

《长安处处有故事》付梓在即，可以想见，一卷在手，墨香怡人；随意翻阅，西安这座千年帝都的枝枝杈杈，悠远深沉尽在其中。

2016年5月

引言　西安城三千年的秘密

高　宇

西安的建都史要从一个小报告说起。商朝末年，纣王杀了九侯，西伯侯姬昌只是叹了口气，崇侯虎跑去给纣王告密，说西伯侯为九侯打抱不平，纣王就把西伯侯关了起来。崇侯虎成为中国历史上第一个打小报告的人。西岐的文武大臣不断给纣王送珍贵的礼品，纣王觉得西伯侯老了，就放他离开。

这段记录于《史记 · 殷本纪》中的故事绝非表面上这样简单，因为西伯侯在西岐（今宝鸡市）招兵买马，笼络人心，纣王感觉到威胁才关了他七年。况且出土的甲骨文记载，崇侯虎和姬昌根本不是一个时代的人。姬昌被关押期间，西岐没有轻举妄动，纣王才放心地让他回去。故事中的崇侯虎打小报告的事，是后来周武王诬陷的，目的很简单，因为周要吞并崇国，先要找个借口！事实证明，西伯侯回去后做了三件事情，一是请姜子牙出山；二是灭掉崇国，崇侯虎被杀；三是从西岐迁都到崇国的地盘，西伯侯把都城命名为丰京，西周就成为第一个在西安建都的王朝。

远古时期，舜帝把辅佐大禹治水有功的伯益赐名为“嬴”，这就是秦国的祖先。后来，秦国有一个叫“非子”的人给周孝王培养良种马，因为产量大，繁殖快，周孝王把甘肃天水南边一带赐给非子。西周被犬戎灭亡，秦襄公保护周平王到洛阳建都，被封为诸侯，同时，给了秦襄公一张空头支票，让秦和犬戎打，打下来的地盘都属于秦。于是，秦大肆扩张，先后将都城建在雍城（今宝鸡市凤翔县）栎阳城（今西安市阎良区）。后来，商鞅变法，国力强盛，栎阳城地势较低，无法控制渭水航运，秦国的最终国都咸阳便浮出水面。古人把山的南边，水的北边称为“阳”，这些地方是最先接受阳光，而且日照时间相对较长，“咸”在古代是“全部、都是”的意思，这里地处九嵕（zōng ）山以南，渭水以北，故名咸阳。公元前206年，项羽引兵入咸阳，杀了已归降的秦王子婴，并火烧咸阳城，自立为西楚霸王，大封诸侯。将陕西的关中和陕北一分为三，分别封给原秦朝的三位降将：章邯为雍王、董翳为翟王、司马欣为塞王。这就是“三秦”的由来。而现在的“三秦”指的是陕南、陕北和关中。所以，后人常常将陕西简称“秦”，将横贯陕西中部的主要山脉称为“秦岭”。

公元前202年，刘邦的大臣们关于都城定在何地争论不休。一个叫娄敬的平民建议，建国之初，国库空虚，如果此时在洛阳重新修宫殿，劳民伤财，虽然咸阳主体宫殿被项羽焚毁，但位于渭河南岸长安乡的兴乐宫幸免于难，这里曾是秦始皇的弟弟成蛟的封地，可以考虑在此基础上营造皇宫，从战略上考虑，如果能够建都关中，即使山东纷乱，关中仍然可以保全，“进可攻，退可守”。张良对此意见予以肯定，刘邦拍板，把兴乐宫重新命名为“长乐宫”，定都长安。今天，我们的未央区、建章路、汉城路、昆明路，文景路、王莽乡，刘秀村、三桥等，都有那个时代的印记。

西汉末年，农民起义军在长安城烧杀抢掠，盗取皇家园林，焚烧汉朝皇宫。东汉末年，汉献帝到长安，董卓、李傕、郭汜先后乱政，在长安城兵戎相见，长安几乎沦为废墟。西晋潘岳曾经担任长安令，到任后很多地方断壁残垣，一片萧瑟。甚至晋愍帝在长安被推举为皇帝的时候，长安城还不满一百户。南北朝时期，长安还先后曾是前赵、前秦、后秦、西魏和北周的都城。

公元581年，杨坚取代北周建立隋朝，把长安城改名为“大兴城”。设计师宇文恺只用了十个月的时间，就把皇城、宫殿、住宅、集市、寺庙、道观、水渠全部建成，因为受井田制的影响，城市建筑基本是方形的，以朱雀大街为中轴线，将居民区划分为一百零八坊（一说一百零九坊），里坊就如同今天的居民小区，里面有四合院，寺庙，道观，里坊外的道路称为“街”，里坊内的小道称为“巷”，三品以下的官员包括老百姓，大门是不能向外开的，摆摊设点只能在坊内。隋朝初年，大兴城人口较少，杨坚不得不把几个儿子派到各个里坊居住，以此汇聚人气。隋朝虽然短暂，但依然留下了朱雀大街、开远门、长乐坡、含光门、芙蓉园等地名。

唐朝建立以后，将“大兴城”重新改回“长安城”，并在隋朝都城的基础上进行扩建，唐长安城面积是明北京城的1.4倍，古罗马城的五倍，人口超过一百万。赫赫有名的大唐西市，开元盛世的兴庆宫，历经数代的大明宫反映了当时的繁华。

唐长安城同样沿用隋朝的里坊制，一百零八个里坊更加规范。唐朝末年，军阀混战，农民起义，长安城遭到严重的破坏，唐昭宗迁都洛阳，节度使韩建驻守长安，韩建对长安城进行缩建，外郭城全部被放弃，面积仅仅是原来的十六分之一。

北宋时，长安城改名为京兆府路。因为常年和西夏作战，出于军事的需要，在西北一带构筑了近五百个关城堡寨，通过相互联合，形成有序纵深。堡寨一般为一两千人，最少一堡一寨也有两三百人，多则六七千人，今西安城东的狄寨就是当年大将狄青屯兵的地方。这些堡寨在明朝得到延续，随着历史的推进，堡寨逐渐衰落、废弃，甚至连遗址都很难找到，如长延堡，八里屯寨（今八里村）现在只留下一些地名。

元朝将京兆府改名为奉元路城，元代最具代表性的地名是安西王府（今石家街、胡家庙一带），还有一些叫“浒沱”的地名，“浒沱”蒙古语意思是“水边的村镇”，或者解释为距河较远但有很多池塘的地方。比如，北郊的马浒沱，南郊的金浒沱和沙浒沱。1369年，明朝大将徐达攻占奉元路城，朱元璋改奉元路为西安府，“西安”这个名字第一次被史书记载。朱元璋前后两次把西安作为都城的选址，但是后来只封次子朱樉为秦王，进驻西安城。朱樉在唐城墙皇城和宫城的基础上修建了明城墙，明朝后期又修建了东西南北四个关城，钟楼成为城市中心。清朝西安城东北方属于满城，是清朝贵族聚集区，城中的一些小巷，如习武园、冰窖巷、木头市、南院门均是明清时期的产物。民国时期，对西安地名影响最大的人是冯玉祥。除了玉祥门、革命公园代表围城之战的地名外，中山门、民乐园、新城广场都是在冯玉祥将军治陕期间产生的。后来“文革”时期，西安城进行了一次大规模更改地名，如芦荡巷、星火路、迎春巷，此后在局部又经过部分更改。

西安这座城市还有另一个别名，叫作凤城，从凤鸣岐山的西周王朝开始，到秦穆公的女儿乘着凤凰起飞，再到汉朝的凤阙，历朝历代都把凤凰当作最吉祥、最有寓意的动物，久而久之，凤凰成为长安人最崇拜的动物。所以，有了凤城路，西安也叫作凤城。

三千多年的建都史，让长安成为中国历史上无可比拟的古都。一代又一代的君王、将相、百姓居住于此，他们维护长安城，谈论长安城，看着兴衰荣辱，王朝更替。喜欢历史文化的人都有一个长安情结，所谓情结，盖一生一世一心系一座城而已。十三朝的历史，十三朝的故事，对于很多人来说，长安情结是永远也解不开的，一朝入梦，终生不醒。

2016年5月

目录

门

路

街

巷

村

其他

- Find stories everywhere in Chang'an

讲述三秦地理　品味陕西文化

含光门

“春之初始，华邑含光”

门

The Chang'an story

门一般解释为建筑物出入口能开关的装置，但门蕴含的传统文化却很深远，解决事情的途径叫“门道”；一家人的德行风气叫“门风”；旧社会有一些帮会名字为“洪门”“清门”等；战国时期的贵族喜欢养“门客”；曾经带过的学生和手下叫作“门生故吏”；男女双方社会地位、经济状况相当叫“门当户对”。

西安城带“门”字的地名主要来自于西汉、隋唐、明清、民国和新中国成立后五个时期，有的根据方位得名，有的结合阴阳五行，有的因历史人物定夺，有的则是它本身功能的阐述。

朱雀门

隋唐长安中轴线

公元645年，高僧玄奘取经归来，此时唐太宗正在洛阳布置辽东战事，他安排宰相房玄龄在朱雀门迎接玄奘，长安的百姓闻讯，纷纷赶来想一睹真经，玄奘将带回来的佛经，陈列在朱雀门外的朱雀大街上，供百姓翻阅，朱雀门成为弘扬佛法的圣地。

朱雀门是隋唐长安第一座宫殿太极宫的正南门，修建于隋文帝年间，有着代表隋唐最高等级的五个门道，城门外叫做朱雀大街，这条街道是整个长安的中轴线，将城市一分为二，东边叫做万年县（后改为“咸宁县”），西边叫做长安县，道路宽度超过150米，是当时长安城中最宽的大街。朱雀是传说上古神兽之一，风水学中讲“前朱雀，后玄武”便是此意。如今的朱雀门是在明城墙的基础上开凿的，并非隋唐朱雀门原貌。

公元589年，隋文帝之子杨广及大臣杨素领兵南下，灭掉了南方的政权陈朝，统一了全国，回到大兴城，隋文帝在朱雀门亲自迎接，仪仗队伴随着皇帝赏赐的物品，从朱雀门一直延伸到明德门，朱雀门见证了南北朝后国家再次统一。

传说唐朝中期，“苦吟派”诗人贾岛曾在朱雀大街上出过两次交通事故。一次是骑驴过朱雀大街，当时，秋风萧瑟，黄叶飘零，他信口吟出了一句“落叶满长安”。思索着上一句该怎么写，突然间便想到了“秋风生渭水”，与之刚好对仗，顿时喜不自胜，结果却不幸撞上朝廷命官的车马，被拘留了一夜。另一次，他骑着驴在路上走，突然想起了两句诗：“鸟宿池边树，僧敲月下门。”贾岛想用“敲”字，又觉得“推”字好，选择困难症一时间隐隐发作。就在这刻，前面来了一大队官方人马，贾岛没注意，与他们撞在了一起。那队人马立刻整队集合，以为是刺客，便把贾岛给抓了，并带到了这位大官文坛泰斗韩愈面前。韩愈问其原因，贾岛如实汇报，“敲”还是“推”一时难以决断。韩愈略微思考后说：“我看还是用‘敲’好，万一门是关着的，推怎么能推开呢？再者去别人家，又是晚上，还是敲门有礼貌呀！而且一个‘敲’字，在夜深人静的时候，多了几分声响，静中有动。”贾岛听了连连点头。“推敲”一词也由此得来。

1957年，朱雀大街动工拓建，1986年，朱雀门重新开启，那个遥远的隋唐长安又徐徐回到我们身边，如今的朱雀大街并非西安中轴线，但人潮涌动，繁华依然。古事今事，天下事；兴事衰事，王朝事；都不过是朱雀门边的野草落花，明月高挂，照亮了太极宫的青砖碧瓦，也照亮了世世代代寻常百姓之家。

丹凤门

中国古代第一门

- Find stories everywhere in Chang'an

传说唐朝初年，太宗李世民为太上皇李渊在龙首原上修建一座养老的宫殿，当工匠们在挖地基的时候，出土了一块秦朝的明镜。据说，这块明镜能照出人的肝胆，能分辨人的忠奸。唐太宗不信，认为大臣魏征便是自己的明镜，无需用其他法宝来衡量。后来用秦朝的“明镜”来命名这座宫殿，叫做“大明宫”。宫殿未竣工，李渊病逝，后唐高宗继位，重新大规模修建大明宫，并与武则天入驻处理朝政。

大明宫南边的正门叫做“丹凤门”，“丹凤”是传说中上古的神鸟，头和翅膀皆为红色。丹凤门有五个门道，在隋唐城门中属于等级最高的一类，这座城门是唐朝帝王出入大明宫的正门，朝廷重要的仪式大赦、改元都是在这里颁布天下。

公元649年，唐太宗在丹凤门大赦天下；公元719年，唐玄宗在丹凤门宴请突厥首领；安史之乱后，唐代宗在这里检阅兵马；唐肃宗年间，王维和往常一样，天未大亮便在大明宫外等待上朝，层层叠叠的宫殿缓缓打开，身着大唐服饰的官员和许多异邦的使臣按照等级进入丹凤门，去朝拜大唐皇帝，王维感慨地写下了："九天阊阖开宫殿，万国衣冠拜冕旒"的句子。

唐朝末年，丹凤门与大明宫均毁于战火，它的故事湮没了千年，1957年至2008年，考古队员对丹凤门遗址进行了三次发掘，确认了其建制、构造，为保护遗址，由中国工程院院士张锦秋设计，在唐朝丹凤门之上，建起一座丹凤门展示工程。

如今，我们路过此地，仍然能看到带有夯土色的丹凤门展示，这座中国古代规格最高的"第一门"早已覆盖在此。城门似昔年，历史如初见，遗址尚有盛唐的华年，只是荒草无言，时空流转，门楼上明灯几盏，独立雕栏，金銮玉殿都成了亘古的虚幻。

雁雀门

杨贵妃在长安最后的留影

公元751年，唐玄宗任命剑南节度使鲜于仲通讨伐南诏，鲜于仲通贪功冒进，亲率八万人进入瘴气密布的南诏腹地，全军覆没。当时朝中宰相杨国忠为了隐瞒事实，欺上瞒下，谎称鲜于仲通获胜，请求玄宗继续出兵，于是关中、河南广为征兵，大批青壮年抛家弃子，父母妻子送至渭水河边便桥作别，哭声一片，诗人杜甫写下了著名的《兵车行》“车辚辚，马萧萧，行人弓箭各在腰。耶娘妻子走相送，尘埃不见咸阳桥。”

“便桥”正对着便门，因而得名。汉朝初年，萧何主持修建了未央宫，未央宫西边偏南的城门取名为“章城门”，汉武帝年间，在章城门外修建渭河上的第三座桥，取名为“便门桥”，俗称“西渭桥”，“便门”就是章城门，这座桥成了长安通往西方的咽喉之地。

王莽夺取汉朝的皇位后，把“章城门”改名为万秋门，意味着新莽的江山千秋万代。隋唐年间，长安城的主体建筑在南边，西北的汉朝未央宫变成了皇家禁苑，万秋门就成了禁苑的城门，改名为延秋门，延秋门后来也成为盛唐衰落的标志地名。

唐玄宗后期任命李林甫和杨国忠等人为相，导致国势日衰，弊病百出，又纵容安禄山担任三镇节度使，导致发生“安史之乱”，安禄山的叛军势如破竹，迅速占领洛阳，攻打潼关，唐玄宗先后派高仙芝、哥舒翰为元帅抵御，但由于错误估计形势，加上唐玄宗听信谗言，潼关失手，长安城危在旦夕。宰相杨国忠劝唐玄宗立刻逃跑，监察御史高适坚持誓死守城。此时的唐玄宗已经不是当年的那个拼命三郎了，他一边鼓励长安城的军民要坚持到底，一边带着杨贵妃等人偷偷地跑到禁苑，从延秋门逃出长安城。延秋门见证了大唐王朝走向衰落，也成了权臣杨国忠和美人杨贵妃在长安最后的留影。唐朝之后，延秋门毁于战火，明清之后，有百姓在此居住，形成村子，昔日的延秋门被误传为“雁雀门”，沿用至今。

汉朝章城门的遗址在今天西安市未央区雁雀门村东南一公里处，王朝早已幻灭，而历史就此折叠，未央宫的夯土上年年留有白雪，便门桥的记载里又有多少生离死别，西风残照，汉家陵阙，渭水东流，盛唐音绝，故事都成了秋日南飞的雁雀，而岁月又翻了新的一页。

北山门

一座城门的『谐音梗』

公元835年，因不满长期被宦官把持朝政，唐文宗李昂发动了著名的“甘露之变”（详见《长安处处有故事·成语典故·变革》），不曾想事件败露，宦官集团囚禁了唐文宗，参与政变的宰相舒元舆单骑从安化门逃走，被宦官的神策军抓获并腰斩。

安化门是隋唐长安城外郭城南面偏西的城门，又称“达理门”，安化门的西边，清明渠和永安渠分别从安乐坊和大安坊流入长安城内，因为水源充足，导致部分达官贵人在此营建园林。唐朝中期爆发了安史之乱，名将郭子仪在平叛中立下大功，唐德宗为其在安化门内修建园林一座，后来这座园林成了唐宪宗岐阳公主的别院，此外，中唐大将李晟的大安亭亦在此处。安化门外，则是隋唐时期祭祀的赤帝坛和黄帝坛，赤帝是古代谶纬家（官方占卜人）所谓五帝之一，是古代传说人物，主管南方之神。黄帝是古代中央之神含枢纽。

唐朝末年，随着战乱和迁都，长安城逐渐破败，军阀韩建驻守时，缩建长安，放弃了外郭城，北宋年间，学者张礼曾到京兆城南（今西安城南）游玩，他结合文献记录和实地考证写成了一卷《游城南记》，其中提到安化门，虽有破坏，但城门主体尚属完整，后来随着王朝的更替，城门消失，只留下夯土遗址和不完整的三个门洞，明清时期，百姓在此聚居，村子取名为“三门口村”，后来“三”演变为“山”，根据南北方位，就有了“南山门口村”和“北山门口村”。今天这两个村子已经成为西安较为有名的地名，而安化门的门洞早已消失不见，今天北山门口村以东约200米处，在沙浮沱村的西边，曾经有一座夯土台，据说就是安化门遗址，目前已被其他建筑覆盖。

隋唐安化门往北一直可以通到芳林门，这里曾是长安城的主干道之一，道路两旁佛寺道观云集、名人住宅林立，官方祭祀的队伍每年都往来与此，千年之后的西安北山门，店铺灯火辉煌，街面车水马龙，已然鲜有人关注隋唐的城门与名将的园林，春去秋来，代代无穷，每一寸地名的变更，都是历史掀起的阵阵波澜，每一次的波澜都流向古老的长安。

延平门

不知道延平门，但一定知道唐延路

南北朝时期，有位昙延法师，他十六岁出家，参悟佛法，成为了一代高僧。杨坚建立隋朝后任他做了延兴寺的住持。隋文帝修建长安城时，要对各大城门命名，鉴于对昙延法师的敬重，取昙延法师的延字命名延平门和延兴门。新中国成立以后，把西二环以南六公里长的路取名为唐延路，意思是隋唐延平门在这里。

延平门因为地处城墙的西南边，离皇宫较远，所以这里大多数住户都是平民百姓。唐朝中期，安史之乱爆发，李光弼出任朔方节度使，进攻河北，收复河山。他在太原击败叛军首领史思明，被加封为宰相。后来朝廷宦官专权，李光弼很不得志，病逝于徐州。唐代宗李豫想到大唐江山能够保住，很大一部分功劳来自于李光弼，下令将他的遗体运送到长安，文武百官送葬到延平门外。到了唐德宗李适（kuò）年间，因为领土问题，李晟率领大军在甘肃、四川一带多次打败少数民族。当时，朝廷又发生内乱，李晟起兵渭水，营救了皇帝。后来，唐朝和吐蕃在甘肃会盟，但因为没能划分双方边界，所以，唐德宗又派使者去吐蕃谈判，双方约定再次会盟。唐德宗率领文武百官在延平门外接见吐蕃使者，并完成了会盟。唐德宗为了感谢李晟，在延平门里的一块地方修建了一座园林赏赐给了李晟。

唐朝灭亡后，延平门被毁。2005年，考古工作者在唐延路进行了发掘，长方形的遗址出现在人们的视野中。

历史抓不住时间的翅膀，千百年后的唐延路上，再也不见盛唐的熙熙攘攘，唯有古老的墙砖独自承受着无尽的悲伤。

金光门

唐朝最成功的农民企业家

金光门是隋唐长安郭城的正西门，是重要的交通和军事节点。门外有祭祀雨神的雨师坛，门内还有上官婉儿的居所。五行之中，西方属金，光代表王朝的光辉照亮西方的少数民族，所以取名为金光门。

金光门见证了诗人杜甫为官生涯的两次沉浮。安史之乱时，杜甫冒着生命危险从金光门出逃，到凤翔去参拜唐肃宗李亨，唐肃宗封他为左省拾遗，主要工作是纠正皇帝的错误。后来，他因言语得罪了唐肃宗，被贬到外地做官。他离开长安时，再次路过金光门，故地重游，感慨万千，想到以后报国无门，即刻作了一首诗《金光门》："此道昔归顺，西郊胡正繁。至今残破胆，应有未招魂。近得归京邑，移官岂至尊。无才日衰老，驻马望千门。"

唐朝年间，有一个拾荒者叫裴明礼，拿多年的积蓄，在金光门外买了一块荒地。此地人烟稀少，地上全是瓦片。裴明礼在地上竖起一根杆子，上面挂着一个筐，让人捡地上的瓦片，往筐子里扔，凡是投中的就给钱奖励。很多人慕名而来，几百人只有一两个人能投中，所以，每天在这里聚集很多人捡地上的瓦片练习投篮，地上的瓦片被捡的干干净净。裴明礼又用这块地来放羊，这里堆积了羊粪，他将种子撒在地上，长出很多果树，拉到集市上卖，赚了很多钱。后来，他又在金光门外这块地上修建了房屋，庭院里种满花草，房子周围安上蜂箱养蜜蜂，又赚了一大笔钱。拿现代的话来说，裴明礼是唐朝最成功的农民企业家。

唐朝以后，繁华热闹的金光门随着新城的建立而失去了往昔的光彩。五代的军阀放弃了外郭城和宫城，作为郭城西门的金光门沦为郊外，逐渐变成了村落所在。到了民国初年时，这里叫作李家庄，辉煌雄伟的隋唐城门变成了不起眼儿的土台。西二环上的立交桥修好后，根据地理位置起名叫“金光门桥”。立交桥的尽头，隋唐的光阴从四方流走，城门故去，我们不谈往昔深情，它也不闻千年爱恨。

开远门

丝绸之路起点

公元643年，一代名臣魏征去世，下葬的那天，唐太宗命令九品以上的所有官员护送魏征的灵柩到达开远门外，而唐太宗自己则登上开远门号啕大哭，说出了那句“以人为镜，可以明得失”的经典语句。

开远门，修建于隋朝，名字解释为王朝向西扩展领土，影响深远的意思。开远门内曾住过隋朝著名宰相高颎（jiǒng），初唐名将李绩，这里还有最早的基督教堂。

唐玄宗天宝年间，爆发了“安史之乱”，短短几个月半壁江山沦丧敌手。唐玄宗带着杨贵妃逃往四川，唐肃宗命郭子仪挂帅，击败了河北的叛军，收复了洛阳和长安，几乎以一己之力扛起了倾覆的江山。后来，又打败了吐蕃的叛军，解除了大唐王朝的危机，当时的皇帝命令文武百官在开远门亲自迎接郭子仪。唐朝末年，开远门损坏严重，被遗忘于荒野，逐渐演变成村落，宏伟的城门变成一堆夯土，所以，在清朝嘉庆年间，这里就被叫成了土门村，才有了我们现在的土门地名。

2014年6月22日，第38届世界遗产大会在卡塔尔举行，中国、哈萨克斯坦、吉尔吉斯斯坦联合申遗成功。丝绸之路以长安城开远门为起点，一路向西，经过河西走廊，到达中亚、西亚、欧洲，中国将大量的丝绸、瓷器以及文明运送到西域各国，而西域各国也把香料、珠宝和异域文化运送到中原，互通有无。

如今，在大庆路与西二环十字的西南，就是当年开远门的遗址，交界处的立交桥名为“开远门桥”。道路西边的丝绸之路群雕似乎太过冰冷，丝路的历史一步一转身，沿途驼铃声声，黄沙漫漫，走进大唐的开远门。

通化门

唐代的汽修厂

金花路和长乐路十字被称为“通化门”。通化门修建于隋朝，“通”取贯通之意，“化”则为教化，也就是要用儒家的“仁德、仁政”去教化百姓，连在一起含有文治武功和吉祥祈福之意。

通化门修建于隋朝，到了唐高宗李治年间，在通化门上修起了雄伟的城楼，加上后来唐玄宗将宫殿搬到兴庆宫，通化门也因此受到重视。唐朝皇帝在这里修建了长乐驿站，每当有心腹大臣要离开长安，皇帝都来到这里给大臣送行，以感动这些下属来给朝廷效命。唐中宗李显曾在这里亲送朔方总管韩国公张仁亶，并写了首送别诗；唐德宗李适（kuò）年间，李希烈叛乱，唐德宗送龙武大将军哥舒曜进军讨伐；唐穆宗李恒也在这里送别和亲远嫁至回鹘（hú）的太和公主；藩镇割据的时候，唐宪宗让宰相裴度去前线指挥作战，并亲自解下自己的佩戴赏赐给裴度，还登上通化门城楼送行，车队缓缓前行，裴度一拜再拜，挥泪离别。

通化门如果放到现代，那么，它和车辆、交通有着密切的联系。唐代在这里有很多大型的车辆修理厂，古代的车都是木头做的马车，马车行走一段时间，车轮就容易损坏，由于古代设备不能和现代相比，尤其是车轮，纯手工制作，即使是专业的修车人员，一天也只能修上两辆车。

《集异记》里记载了这样一个传奇故事：有一个叫奚乐山的人来到通化门，找到一个修车的活儿，由于他工作勤奋，每天做很多车轮，老板不断地给他增加工作量，后来竟然直接给了他能做六百个车轮的木头，奚乐山也不反对，只是他修车的时候，不许任何人观看。一天一夜之后，奚乐山居然把六百个车轮全做好了，并且把自己得到的工资分给穷人，然后绝尘而去，谁也不知道他去了哪里。

明德门
只留名字不留门

隋唐长安城最南的城门取名为明德门。明德这个词来源于《诗经》:“予怀明德，不大声以色。”意思是说，一个真正道义在心的人，是应该气定神闲的。明德门是进入长安城的正门，它连接着城市内外，不知多少皇亲国戚、达官贵人从这里经过，多少有识之士从这里踏进长安，以求发展。也有不少甘愿远离繁华之都的隐士从这里走出，去终南山或是更远的地方漂泊。

明德门有五个门洞。其中，两个门洞是人行道，还有两个门洞是马车行道，最中间的门洞不对外开放，是皇帝的专用通道。每逢登基，或冬至、正月祭天的时候，当朝皇帝都要沐浴斋戒，率领文武百官由北向南，一路浩浩荡荡沿着朱雀大街出明德门，向东走，在天坛进行祭天活动。隋唐天坛遗址在陕师大雁塔校区，又叫圜丘坛。当时方圆一百五十米左右以内都不允许有任何民间建筑存在，祭天用的牲畜、丝绸要在天坛的东南方焚烧，烟火弥漫，让上天闻到味道，知道皇帝在祭拜它。天坛有四层高台，走上天坛的阶梯叫“陛”，共有12条“陛”，象征着古代一天12个时辰。这也是每年隋唐皇帝必走的道路，包括我们熟知的隋文帝、唐太宗、武则天等等。而今天的天坛东路和天坛西路路名，便是来源于此。

明德门在唐朝还是民间为消除灾害经常举行祭祀的场所。唐玄宗年间，因为长安城连连下雨，很多人在明德门举行祭祀，祈求晴天。但是，如此重要的大门却毁于唐朝末年的战乱，明德门从此不见城门只剩名称。20世纪70年代，考古队员对明德门遗址进行考古发掘，昔日恢宏的城门又浮现于我们眼前，继而在已经拆除的杨家村里立上了“明德门”遗址的石碑。

如今新的明德门遗址公园已经重建，昔日城门已破，烽火熄灭，狼烟不在，谁懂它的潦倒，谁又知它的煎熬，谁曾在烟花巷陌里，回溯过它的骄傲。

含光门

隋唐年间的外交部

含光门修建于隋文帝开皇二年，含光一词最早出自于春秋时期，宋玉的《登徒子好色赋》:“此郊之姝，华色含光，体美容冶，不待饰装。”汉代学者蔡邕在《陈太丘碑文》中也写道:“含光醇德，为士作程。”这座城门的“含”是包含、包容的意思，“光”是光大的意思，这座城门对应的道路就叫作含光路。这座城门主要功能是接待外国使者，处理外交事务。东边有鸿胪寺，相当于今天的外交部；还有鸿胪客馆，相当于今天的钓鱼台国宾馆。

唐朝全盛时期，这里人来人往。唐朝末年，这里逐渐失去往日的风采。唐昭宗李晔（yè）年间，宦官杨复恭造反，唐昭宗派人出城平叛，双方发生大战，从白天一直打到深夜。宰相刘崇望率领人马守护财物。刘崇望来到含光门，看到禁军溃散，想要抢劫财物，斥责道：“皇帝正在亲自督战，你们都是保卫皇帝的人，应当前去杀贼立功，而不是趁火打劫！”众军士都表示愿意听命，纷纷跟着刘崇望前去助战，杨复恭最后以失败告终。

唐昭宗迁都洛阳，长安大部分地方毁于战火，节度使韩建将几大城门封闭，只保留了西侧的含光门和东侧的安上门作为新城南面的两座城门。含光门经过五代至北宋一直沿用下来，名称没有改变，直到元代含光门被封闭。到明代重修西安城墙，含光门被包在西安南城墙之内，其遗址也因此被保存下来。

1984年，西安市整修西安城墙时，发现了唐含光门遗址，是迄今为止保存最为完好的隋唐城门遗址。2008年，在遗址上建成西安唐城墙含光门遗址博物馆。

如今，明代的含光门城门大开，车辆穿梭其中，行人往来。说不尽的乱世烽火，歌不完的王朝兴亡，或许只是：隋唐狼烟灭，使者觐长安，将军岁月埋。

永宁门

现存最古老的城门

朱元璋攻克徽州后，一个名叫朱升的隐士告诉他“高筑墙，广积粮，缓称王”的策略，朱元璋采纳了这些建议。公元1369年，明朝大将徐达进入陕西后，将原来的奉元路改为西安府，我们今天所看到的西安城墙，就是在那个时候修建的。

永宁门是现今整个城墙里历史最悠久的城门。在唐代，这座城门被称作“安上门”，是皇城东南侧的城门。明朝扩建西安城后，由于整个城市向东北方向扩展，这个原本处在偏东的南城门，便到了正中央。西安城墙的四座正门分别为：长乐门、安远门、永宁门、安定门，其实，把四座城门的名字各取一个首字连起来，就是“长安永定”。在中国传统五行中，南方属火，而火是最难控制的，所以，火神是一定要镇住才能安定。因此，南门才叫作“永宁门”。

如果有敌人从南门攻入，那首先，官兵会收起吊桥。敌人先要穿过十几米深的护城河，然后攻入月城，如果把月城攻破了，接下来进入瓮城，在瓮城里有箭楼，万箭齐发，敌人无处可逃，这就验证了“瓮中捉鳖”这个成语。

明朝末年李自成在陕北起义，当时的陕西巡抚看到如此严密的城防工事还是不够放心，又在城外盖起了外郭城，称为南关城，而南关城的正南门，就是南哨门，意思为放哨的城门，后来谐音念作南稍门。相应的南关正街、南郭路、围墙巷等路名，便是已经消失的南关城的文化痕迹。

辛亥革命后，张凤翙（huì）担任陕西都督，想要给西安城东西南北四座城门题上名字，东门长乐门请东南城角的宋伯鲁先生题写；西门安定门，由居住在西城墙下白鹭湾的刘春谷先生书写；张凤翙自己为北门安远门题字，但剩下一个也是最重要的南门永宁门，他思索再三，到双仁府拜访三秦才子阎甘园先生，阎甘园先生爽快地答应了为永宁门题字。

而今，永宁门依稀是那古老的景观，城门上下弦月，开阔的广场夜色如水清冽，借长安一刻光阴，把一砖一墙看得真切，两旁花开成雪，月光里不曾凋谢。

后宰门

王府后勤，温馨可亲

明朝在秦王府（今天的新城广场）的北边有一道萧墙，萧墙有南北平行的两个门，南边是西华门，北边的叫后载门，名字取自于《易经》坤卦："天行健，君子以自强不息；地势坤，君子以厚德载物。"

明朝第十三个皇帝朱载垕登基以后，后载门的载字和皇帝的名字一样，在古代要避讳，所以，把后载门改名为后宰门。当时，凡是王府里所需要采购的日用品，后勤运输都是要从这个门进入王府的。辛亥革命以后，陕西总督张凤翙下令拆除这段萧墙，1935年修建了一所小学，叫作北新街小学，原国民党主席连战幼年曾在这里读书。后改名为后宰门小学。

清朝末年，乾县一个书香门第走出了一位神童，他叫范紫东。范紫东五岁识字，九岁读诗，十五岁的时候文章自然天成，当了一名教师。当时，中国内忧外患，范紫东弃教从戎，参加革命军，并同时支持陕西的文化教育事业。新中国成立后，担任西安文史研究馆馆长。

范紫东一生不入官场，长期生活在社会底层，丰富的阅历让范紫东酷爱编写秦腔剧本，有一次和朋友打赌，三天写出剧本，赌注是四十碗羊肉泡馍。范紫东用了两天写成一部《翰墨缘》，那位朋友哑口无言。

范紫东六十岁才有了自己的房子，具体位置在后宰门西安市中心医院内，修建这所房子时三个月没有下雨，因此，他把自己住的小楼取名为“待雨楼”。

范紫东和一群戏曲爱好者创立了秦腔科班易俗社，历经四十多年，撰写了六十八个经典秦腔剧本，包括我们熟知的《三滴血》《颐和园》《新华梦》等等。他被戏剧界誉为“当代的关汉卿”和“东方的莎士比亚”。

玉祥门

拯救长安

1926年，北洋军阀吴佩孚部刘镇华率领“镇嵩军”号称十万人马，将西安围成一座孤城。当时，国民军第二军第十师师长李虎臣与爱国将领杨虎城合作，在兵力不足万人、敌我力量悬殊的情况下，同“镇嵩军”进行了艰苦的斗争，这就是著名的“二虎守长安”。

刘镇华为迫使西安军民投降，在城四周各挖了一条宽、深各六米的壕沟，几乎每天都向城内发动猛攻。并先后占领三桥、韩森寨、龙首村、大雁塔等地。放火点燃了城郊十万亩麦田，大火烧了一个星期。长达八个月的包围让西安城内弹尽粮绝，死亡人数达到四万多人，刘镇华丝毫没有罢手的意思，欲派出空军轰炸西安，西安城内一片惶恐。关键时刻，于右任说服冯玉祥在内蒙古出兵，过咸阳，进西安，在西北城墙炸开豁口，军队入城，最后大败刘镇华的“镇嵩军”，解了西安之围。1928年，西安军民将古城墙西北角残缺处（即西安解围国民联军入城处）修葺补全，并筑一门，曰“玉祥门”，旨在永久铭记冯玉祥对古城做出的卓越贡献。

冯玉祥和于右任为纪念在围城中牺牲的将士与民众，特意修建了西安革命公园。在祭奠死者的追悼大会上，冯玉祥发表了演讲，声情并茂地赞扬了西安军民反抗军阀的革命精神。并将周围一百五十亩地辟为革命公园，以作永久纪念。

后来，冯玉祥将军和杨虎城将军在战略上和对蒋介石的态度上一直不和。由于政治原因，玉祥门的经历是一波三折，先后改名为“中正门”和“西北门”，而且，在1934年后是不开放的。沿着玉祥门的城墙外侧行走，会发现在这段城墙上，有许多形状大小差不多的弹孔分布在周围，因为这里曾经是旧西安城的刑场，子弹穿过人的身体，射到城墙上，留下了很多弹孔。旧时还有很多小孩子到玉祥门城墙下边捡弹壳。

如今玉祥门的周围，还有人不断讲述二虎守长安，冯玉祥解围的故事。那一年，长安并不繁华，围城变成牵挂；那一年，两军阵前厮杀，英雄负了韶华；而今，去多时日，一切作罢，江山依然如画！

小南门

革命英雄井勿幕

1888年，蒲城县富商“井百万”喜得贵子，起名“井泉”。后来这个小孩儿成为杰出的革命家，被孙中山先生誉为“西北革命巨柱”。井泉，字勿幕。古代的男人之间不直接互称姓名，见面时称“字”，以示尊重，所以，井泉就被称为“井勿幕”。井勿幕幼年丧父，从日本留学回来就加入孙中山领导的中国同盟会，并向孙中山请命，回陕西发展革命事业。孙中山看着十七岁的井勿幕半信半疑，井勿幕慷慨陈词：“我虽然年少，但是我哥哥在陕西人脉很广，联系各界人士并不困难！”回西安以后，井勿幕促成了同盟会和陕西哥老会的联合，后来参与了广州起义、二次革命、护国战争等。1917年，陕西响应广东护法军政府的号召，开始了护法战争，井勿幕被推举为陕西靖国军总指挥。第二年十一月，井勿幕在陕西兴平县慰问军队，北洋军阀勾结靖国军内部反动势力请井勿幕参加会议，井勿幕知道参会可能有危险，但他如期赴约，结果被杀害，年仅三十一岁。

1945年11月19日，井勿幕被国民政府追封为国民革命军陆军上将街。陕西军民为怀念井勿幕，曾将井勿幕在西安居住过的四府街更名为“井上将街”，并在街南端城墙上凿开一门，取名“勿幕门”，就是今天的小南门。

1945年，井勿幕遇害二十七年后，于右任回到陕西主持纪念，将井勿幕的灵柩移到今天南郊少陵园清凉寺的东南边，于右任手书“追赠陆军上将井勿幕先生之墓”。今天的小南门毫不起眼儿，是十八座城门中最小的一座。如同井勿幕短暂的一生，闪着隐匿的光，像微小的宝石，纵使如此也能燃烧，燃烧成一团炙热的火焰。

中山门

一个未完成的诺言

1926年，国民革命军统一全国的北伐战争开始。但是，出师不久，国民军在南口败退。危难之时，李大钊三次请冯玉祥回国，希望他收拾残局，配合国民军北伐。远在苏联的冯玉祥接受李大钊的建议，提出“进军西北，解围西安，出兵潼关，策应北伐”的战略方针。

1926年9月，冯玉祥回国。国民军很多残余部队纷纷归队，冯玉祥成立国民军联军。他遵从孙中山的三民主义，出师北伐，并在同年11月打败刘镇华的镇嵩军，解了西安之围。冯玉祥在共产党人的帮助下开始治理西安，并在西安城东的墙上开凿出一道城门，取名为中山门，以表示对革命先驱孙中山先生的景仰。

当国民军北伐打下武汉以后，国民党内部出现分裂。蒋介石和汪精卫矛盾加剧，互不相让，出现了南京和武汉两个国民政府，史称“宁汉对立”，冯玉祥左右为难。此时，武汉政府决定举行第二次北伐，拉拢冯玉祥会师中原。1927年5月1日，冯玉祥率军东征，从中山门出西安城。出发的时候，很多群众和社会各界人士纷纷前来送行。冯玉祥将中山门南北两个门洞取名为“东征门”和“凯旋门”。在城头向西安的老百姓讲话：“我即将东征远去，等到北伐胜利，天下太平，各位再打开凯旋门欢迎我的军队！”

此后，冯玉祥南征北战，纵横天下数十载，到过很多地方。但那个在危难之中拯救西安城，并渴望全国统一的将军，此后再也没有回过西安城，留下中山门上凯旋的诺言至今无缘兑现。

东县门

级别最高的县令

隋唐长安城分为两个区域，以朱雀大街为中轴线。因为隋文帝杨坚在北周时期被封为大兴公，所以，东边取名为大兴县，又叫作万年县，西边叫作长安县。两边各设县衙、知县等官员，地位高于普通的郡县，属于正五品，相当于现在的厅级干部。

唐玄宗年间，改万年县为咸宁县。唐朝末年，节度使韩建为了军事防御的考虑，缩小了长安城，并且将长安县和咸宁县搬到城门以外，因为咸宁县位于城东，所以又叫东县，而县衙门前的街道自然就叫作东县门了。

朱元璋年间，县衙重新修建，衙门前牌坊上写着："全陕首邑"四个大字。经过时间的推移，后来多位县令又不断地修葺县衙，史书记载，县衙有大堂、牢房、办公场所、厢房，等等。清朝东县门变成了存放兵器弹药的地方。1911年，武昌起义爆发，西安的革命人士推举张凤翙为总指挥，响应革命，张凤翙率领军队分三路进入西安城。这一天刚好是周末，清军为了防备军队出问题，所以休息的时候，大家要把武器全部上缴。这样，起义军争夺的第一个地方就是东县门，抢夺这里的武器弹药。成功以后，在这里设置临时指挥部。经过鏖战，起义军将清军打败，拆除满城墙，西安成为西北第一座响应武昌起义的城市。

265米长的东县门如今早已没有当年咸宁县的地位，也不曾有革命时期的动荡。街边的树木总是绿得太快，我们或许还能记起盛唐时期那个地位尊崇的县衙，以及远去的升堂和威武的声音。

书院门

讲座堪比演唱会

公元1592年正月，紫禁城内张灯结彩，一片祥和，文武大臣竞相参拜当朝太后。这一天，正是她的大寿，万历皇帝朱翊（yì）钧自然欣喜。此时，一封《请修朝政疏》的奏折呈递上来，奏折上详细指出万历皇帝荒于政务，沉溺酒色。万历皇帝大发雷霆，将写这份奏折的工部尚书冯从吾招来，当面要“廷杖”。就是脱去大臣的衣服，当众用棍棒殴打。当时，很多正直的大臣都为冯从吾求情，万历皇帝想着是太后的寿辰，只是解除了冯从吾的官职。

冯从吾回到了家乡长安，借用西安城南门里的宝庆寺（今西安书院门小学）作为讲学场所。他的粉丝很多，听众有好几千人，就连陕西地方官也来听课。宝庆寺毕竟地方较小，难以承载大型活动。后来，陕西布政使汪可受、按察使李天麟遵从冯从吾的意愿，在宝庆寺东侧开辟一块地，筹建关中书院。关中书院建成后不久，明朝的皇帝还对冯从吾当年的事耿耿于怀，便下令拆除。一直到清朝康熙年间，又重新修建了关中书院。光绪年间，把这里改成陕西省师范大学堂，成为当时西北五省的最高学府。

如今南门往东拐的地方就是书院门的牌坊，字画、古董在这条街上逐一呈现，将古往今来的记忆，切割成时代碎片，留住我们的脚步。“书院门”这三个字是颜真卿的手书，两旁还有一副对联“碑林藏国宝，书院育人杰”，非常醒目。

这里有一串灿若星河的古代大师的头像和介绍，张载、吕大临、李二曲、刘古愚，等等。其中，有我们熟悉的，也有我们不熟悉的。这串光辉的姓名连成了一个在思想学术领域很有影响的学派——关中学派，简称关学。他们或隐居乡间，教书育人；或出入朝廷，为民请命。他们的行为和思想，千百年来，深刻影响了关中的知识分子和民风民俗。

文昌门

科举考试必备利器

文昌门上，有一座魁星楼，这是西安城墙上唯一一处和军事无关的建筑。魁星是汉族神话中能主宰文章兴衰的神仙，在古代学子心中，魁星具有至高无上的地位。他面目狰狞，手握一管大毛笔，用笔点考试学子的姓名，左手持一只墨斗，右脚金鸡独立，脚下踩着海中的一只巨鳌的头部，取“独占鳌头”的意思。在古代，各地都修建魁星楼，读书人在魁星楼拜魁星，祈求在科举考试中金榜题名。

明清时的孔庙修建在南城墙里边，魁星楼也就建在城墙之上。1986年，重新修复魁星楼后，又在城墙下新开辟了一座城门，取名为文昌门。文昌门来源于古代的文昌星，文昌星又叫文曲星，和魁星一样，是主管考试的神灵。相传，唐代有一人叫张亚子，生前信奉道教，广布教义，受到人们的尊敬。唐朝两位皇帝唐玄宗和唐僖宗在他死后都曾对其封赏。到了宋朝的时候，更是将他称为“文昌帝君”。从此，这位神仙成了主管学生考试的神仙。在唐宋年间，科举考试成为百姓子弟进入贵族的唯一渠道，所以，“文昌帝君”

具有广泛的群众基础，于是全国各地都建有文昌宫。明代以后，每一所学校都将部分建筑物用于供奉“文昌帝君”。

如今，文昌城门大开，往来车辆无数。那一处明清的孔庙和府学逐渐随风而去，那些祭拜魁星和“文昌帝君”的学子也都烟硝散尽。斜阳西下，城门上路灯满挂，文化流向晚霞。

建国门

非建国时所建

建国门这一带的历史要追溯到唐朝。当时，这里叫作崇仁坊，崇仁坊因为离皇宫和大唐东市很近，因此，住着很多达官贵人，加上这里有大量售卖音乐器材的商店，因而这里昼夜喧哗，灯火不断。到了清朝的时候，这里叫作小差市。

日军占领东北后，张学良带着军队来到西安，当时，少帅的公馆就在建国路69号。1936年，蒋介石督促张学良打内战，张学良和杨虎城发动西安事变，逼迫蒋介石抗日。周恩来等人来到西安商议如何解决西安事变的问题，当时，商议的地点就选在张学良公馆里。西安事变和平解决，国共两党开始建立抗日民族统一战线。1938年，国民党临时全国代表大会召开，其中提出的口号：“抗战必胜、建国必成”更是响彻全国。为了纪念这件事情，当时，从这句口号里提出“建国”二字，作为西安城里的一条道路，就是今天的建国路。建国路的南边因为日军的轰炸，所以当时在城墙上有几处防空洞。新中国成立后，中共中央西北局及陕西省委机关设在建国路上，出于通行安全原因，封闭了城墙上的防空洞。1985年，在南城墙防空洞的基础上，重新开凿城门，修建了三孔拱形的门洞，因为连接建国路，所以，这座城门得名为建国门，这也成为西安南城墙七座城门之一。

如今的建国路两旁的绿树连同斑驳的围墙诉说着昔日的繁华，每一个生活在建国路的人都从街道中截取些许回忆，让它们长存在自己的脑海中。久而久之，甚至忘了那是听来的故事，还是这里发生的真实经历。

东仓门

古代官员领取工资的地方

中国古代战争不断，政权不稳，农业生产遭到很大破坏，粮食产量很低。因此，在各朝各代均要修建粮仓。粮仓分为官仓和义仓。官仓一般修建在都城附近，它的功能是给皇帝以及大臣提供俸禄、军饷。义仓一般修建在全国各地，很多有钱人往粮仓里捐献粮食，凡是遇到灾荒、战乱，从义仓给老百姓分发粮食。

清代，西安城中有一座粮仓叫作“敬禄仓”，这座粮仓主要是给西安的官员发放俸禄。敬禄仓的门前有一条南北走向的街道，取名为仓门。而在城内西边庙后街一带还有一座“永丰仓”。为了区分两条街道，所以把这里取名为“东仓门”。

中国传统的粮仓大部分属于地下粮仓。从汉代开始，至隋唐年间不断改进。其构建方式是先挖好窖坑，用火烘干，然后，把草木灰摊在窖底，上面铺上木板，木板之上铺席子，席上垫谷糠后再铺一层席子，这种“席子夹糠”法，可以使粮窖隔湿保温，犹如一个巨大的保温瓶，而且，封存粮食都在冬季进行，可以达到低温储粮的效果。这样的粮窖不仅防鼠防盗、防潮防火，还具有良好的“保鲜”功能，粮食不易发热、发芽，不会霉烂。在唐代，这样的地下窖仓里稻米的“保质期”为五年，谷子的“保质期”更是长达九年。

如今的东仓门已然没有当年丰裕的粮仓，也不见当年分发俸禄的场景，来往不绝的人群回响着五谷丰登的时光。

下马陵

"下马缓行古道，城边绿树人家"

路

The Chang'an story

我们把往来通行的地方叫作“路”，路上的行人叫路人，当然，路所涵盖的意义不只是一种解释，思想或行动的方向、途径叫作思路、出路；做事的方法叫“套路”；宋元时期，行政区域叫作“路”，当时陕西叫作“京兆府路”；中途改行叫作“半路出家”。我们也常常有爱情路、人生路之说。本书中所选的西安道路，有的根据建筑物命名，有的因封号形成，有的被民间戏说，这些地名表现了各个时期西安城不同的风貌和漫漫长安路。

神禾路

原上尽麦穗，仙鹤渺苍穹

从南江兆村到香积寺，一块高地夹在滈（hào）潏（júe）之间，那就是神禾原了。远古时期，炎帝在长安城南教老百姓种植庄稼，相传一只仙鹤衔着麦穗停留在此，大家认为这是神仙的指引，便把这里叫作神鹤原。到了五代十国，因为在这处原上长出了一株神奇的谷穗，重达三公斤，故而得名神禾原。

周武王伐纣时，曾在这里和闻太师大战。唐太宗为母亲祈福而修建常宁宫。上至帝王将相，下及黎民百姓，文人雅士往来不断，李白、杜甫、白居易、王维、柳宗元等，都在此留下了脍炙人口的诗篇。抗战期间，胡宗南在神禾原的王曲镇建立黄埔军校第七分校。神禾原南边这块宝地因为险要的地势、复杂多变的地形而被蒋介石相中。胡宗南便在常宁宫旧址上大兴土木，建造亭台楼阁，作为蒋介石来陕西的住所。

1952年，文学家柳青来到神禾原，同村民一起，同甘共苦，奔波于神禾原十四年，并写成长篇小说《创业史》，热情地讴歌了农村的新气象，使得神禾原成为焦点。1978年，柳青病逝，留下遗言，希望将自己葬在神禾原，柳青墓在今长安区王曲镇罗家弯村西，头枕神禾原，远望秦岭诸峰。

如今滈水、潏水两岸的神禾原绿柳成荫，古寺院恢复了往日的风采。西京学院、西安培华学院和西安财经学院先后在这里建成，使得这里高楼林立、交通便利，各地的学子蜂拥至此，琅琅的读书声，飘飞在古老的神禾原上。

阿房路

古代最大的烂尾楼

“六王毕，四海一，蜀山兀，阿房出。覆压三百余里，隔离天日。”这是晚唐时期著名诗人杜牧《阿房宫赋》里的名句。秦始皇统一六国后，于公元前212年开始修建一座巨大的宫殿，想让其作为秦朝的政治中心，他为皇宫的前殿取名为“阿房”，“阿”既可以解释为大山，又可以理解为弯曲的院子。正好，宫殿的设计也非常复杂，秦始皇原本打算等到阿房宫修好以后重新起个名字，但是，阿房宫的规模实在太大，每天都有十几万的工人参与修建，一直到秦朝灭亡时，宫殿还没有建完。

后来，我们习惯上就把皇宫前殿的名字“阿房宫”命名为整组宫殿群的名字。关于阿房宫名字的来源，还有一种说法，“阿”可以解释为靠近，因为宫殿靠近秦国都城咸阳，所以称为“阿房”。阿房宫的前殿相当于故宫三分之二的面积，杜牧说的阿房宫“五步一楼，十步一阁”，毫不夸张。秦始皇原打算把天下所有的财宝都放到这座宫殿里，可是，他并没有足够的时间来完成这一心愿。在今天阿房一路的西边，有一座阿房村，就坐落在当年宫殿的遗址上，只不过，现在我们所能看到的仅仅是一方土堆而已。1992年，联合国教科文组织对阿房宫进行了调查和认可，将其认定为世界上最大的宫殿遗址，还认为，阿房宫是当之无愧的“世界奇迹”。

因为这座宫殿，所以才有了今天的阿房路。秦始皇举全国之力，来满足自己的私欲，却让老百姓买单，众人颇为不满，正如后来杜牧所写的《阿房宫赋》一样，灭亡秦国的是秦王自己，不让百姓安居乐业，所以二世而亡，值得后人引以为戒。

天台路

秦始皇的长生不老梦

秦始皇统一六国后，自称为皇帝。拥有天下的秦始皇仍然不满足，年华的流逝和容颜的老去让他焦虑不已，长生不老的想法一直是他的心愿。于是，秦始皇一道圣旨，让天下的奇人异士都给他提供长生不老的丹药。经过一番筛选，一个叫徐福的方士获得秦始皇的青睐。徐福自称在东海蓬莱仙岛上有长生不老的药，而且只有自己知道如何去往蓬莱仙岛，秦始皇非常高兴，就让他做了高官。徐福先是在皇宫里吃喝玩乐，后向秦始皇要了几条大船和五百名童男童女，以及三年的干粮，准备漂洋过海寻找丹药。临走的时候，徐福对秦始皇说："你要修建一座高台，叫作'望想台'，'望'就是向东边观望，'想'就是心里想着长生不老。"徐福一走，秦始皇就在阿房宫旁开始修建高台，并给这个高台重新取了一个名字叫"上天台"，表示自己上天成仙的意思。秦始皇安排完后，就到全国巡游，不久便死在巡游的路上，终究没有长生不老。而徐福也消失在东海，下落不明。

后来，秦朝被农民起义军所灭，西楚霸王项羽来到秦朝宫殿旁边，出于秦楚两个国家的世仇，也出于分封制和郡县制的根本区别，一把大火将宫殿烧掉，而其中的“上天台”也付之一炬，留下来的，只有一座二十多米高，四周三十多米的土台遗迹。

在今天西安市的巨家庄一带，人们根据秦始皇求长生不老这个故事中的“上天台”，将西安城西的一条道路命名为天台路，相对应的也就有了天台一路至天台九路。秦始皇梦想长生不老，奈何世间万物皆有生老病死，他把遗憾留在了“上天台”，而把遗迹留给了长安城。

樊川路

汉朝最有名的连襟

秦朝末年，屠夫樊哙跟随刘邦起义，担任刘邦的随身护卫，与刘邦南征北战。在濮阳攻打章邯，樊哙展现出了惊人的战斗力，杀敌无数，率先登上了濮阳城。后来，大破李由、杨熊的军队，转战各地。攻打武关时，他亲自斩杀了秦朝的都尉，俘虏一百多人，有两千九百名秦军向樊哙投降。鸿门宴上，樊哙力挫西楚霸王项羽，营救刘邦于危难之中。两人同娶了吕氏姐妹，是连襟，又因为樊哙有赫赫战功，刘邦特地将西安城南少陵原的一块地赏赐给了樊哙，取名为樊川。今天的樊川路就是由此而来的。

樊川土肥水美、交通便利，是富庶的粮食产区，在唐代更是达官显贵私人别墅的聚集地，很多名人典故均出自于这里。阳春三月的樊川，杨柳吐绿、桃花绽放，令人迷醉。诗人崔护春游到这里，对桃树下的美丽姑娘恋恋不舍、念念不忘，从而留下了“人面不知何处去，桃花依旧笑春风”的千古名句。

唐朝诗人杜甫在樊川先后居住了十年，留下诗篇无数；贞观年间，“房谋杜断”中的杜如晦就居住在樊川道上；唐高宗年间，政府将玄奘的遗骨迁到樊川，并且修建了寺庙、佛塔，命名为“大唐护国兴教寺”。后来康有为、梁启超均来这里拜谒。晚唐诗人杜牧就出生于此地，留下了不少美丽诗篇的他，自称“樊川翁”，并且还将著作命名为《樊川集》。

樊川这里沉睡着一批名人，流淌着一种文化，激荡着一股精神，但是，如今很难去复原当年樊川的盛景，一条六公里的道路难以去承载一段千年的历史，就像蝴蝶飞不过沧海，但谁又能忍心责怪呢？

上林苑路

敢逮捕皇帝的县令

相传，汉武帝经常到终南山下狩猎，狩猎队伍践踏了百姓的大片庄稼，农民谩骂声不断，终于惊动了当地的县令。县令确实是一位“敢把皇帝拉下马”的人物。有一天，正当汉武帝这队人马狩猎的时候，县令拦住了他们的去路，并将他们全部扣留。这时，汉武帝的随从告诉县令，这位正是当今圣上，希望他能网开一面。县令不信，坚持不放行。随从没有办法，只好拿出了汉武帝的御用之物，县令才放他们离去。

后来，汉武帝为了方便游玩打猎，就派官员在秦朝的一个旧苑址上扩建上林苑。强令农民迁徙，侵夺了农民的土地宅院。东方朔为民请命，他给汉武帝说：“终南山物产丰富，关中田地土壤肥沃，给老百姓提供了穿衣吃饭的生活依赖。如果把这些良田没收去建上林苑，就会减少国家收入，破坏农业生产。”但是，汉武帝并没有采纳东方朔的意见，坚持扩建了上林苑。上林苑地跨长安、咸阳、周至、户县、蓝田五县县境，纵横三百里，既有优美的自然景物，又有华美的宫室组群分布其中，包罗多种多样的娱乐内容。除了玩乐，上林苑也是当时汉武帝练兵之地，这里有皇帝的亲兵羽林军，由大将军卫青统领。今天在西部大道以北，有三条平行的路，分别叫作上林苑一路、二路和三路，就来自于此。上林，特指帝王的园囿，苑则指的是宫苑。

原野泱莽，关中八川出入其中，河湖港汉交错纵横，更有崇山矗立，崭岩参差，这是汉代才子司马相如在《上林赋》中描写上林苑的景色。

千古长安千古事。终南山北麓、渭水之滨的上林苑，如今早已没有了踪影。但是，思绪仍在历史的风烟中肆意萦回。

昆明路

为什么西安会有云南的地名

汉武帝时期，出使西域的张骞到达大夏王国。张骞在大夏王国发现有蜀郡出产的布匹和邛崃山的竹子。大夏人告诉他，那是从印度国买来的。由此，张骞推测，既然商品可以到达印度，那么，人马也可以通过。于是，他向汉武帝建议开设从西南到西域的另一条丝绸之路。汉武帝同意后立即派人前往。然而，西南地区崇山峻岭、交通阻塞、气候恶劣，且由七个小国分别统治。汉朝使节到达云南昆明国时，滇王却将他们拘留不放。

汉武帝一怒之下，要攻打昆明国，考虑到昆明国的水军十分厉害，汉武帝就在今天西安的斗门镇一带修建了一个大型的水池，取名为昆明池，每日操练水军。因为昆明池地处汉朝上林苑风景区，烟波浩渺、水天相接。后来，这里自然就转型成了汉朝的一处有名的风景区。昆明池除军事和观光以外，还给长安城提供优质水源。西汉长安城规模宏大，人口众多，比同时代西方最大的古罗马城还要大三倍，因此，城市的供水一直是个极其重要的问题。在长安城所有的供水系统中，昆明池不仅水容量极大，而且清澈的水质也是极为有名的，当时，汉武帝在池里进行水产养殖，产量相当可观。今天，西安城内的昆明路就是根据西汉昆明池而得名的。

昆明池后来干涸，但它的影响并没有中断。南京大名鼎鼎的玄武湖，也曾在南朝刘宋年间被改名为昆明池。原因很简单，宋孝武帝借用此名，意在自比汉武帝，想实现大一统。乾隆皇帝兴建北京颐和园时，联想到了汉武帝的文治武功，所以，给其中一湖命名为昆明池。光绪皇帝后来在昆明池训练水师，年轻的他遥想汉武帝，一时间思绪万千、感慨颇多，写下了“水战原非陆战同，昆明缅想汉时功”的诗句。

未央路

典故最多的时代

汉高祖刘邦八年，丞相萧何主持修建未央宫。未央二字出自于《诗经》:“夜如何其？夜未央。”未央就是没有尽头，象征着王朝千秋万载。可惜，刘邦到死也没享用过未央宫，只是在未央宫前殿设宴款待群臣，在他父亲面前炫耀他比几个哥哥更有本事。

刘邦的儿子汉惠帝刘盈是第一个入主未央宫的皇帝。后来吕后专政，汉家天下岌岌可危，直到周勃、陈平迎接汉文帝刘恒到未央宫，天下才重新稳定。我们熟悉的电视《美人心计》《大汉天子》等很多故事都发生在这里。汉景帝刘启在这里发出号令，让周亚夫平定七国之乱，也是在这里罢免了周亚夫。汉武帝刘彻想在未央宫宣室召见男宠，东方朔拿着武器挡在门口说：“这里是历朝皇帝的大堂，不是讨论军国大事，不得进入！”汉文帝有一次祭祀完了以后，就在这里召见贾谊，了解鬼神的事情。几百年后，李商隐讽刺他写道：“可怜夜半虚前席，不问苍生问鬼神。”少年汉武帝在这里向表姐许下了金屋藏娇的承诺。汉元帝刘奭（shì）却在相同的地方错过了美女王昭君。汉成帝刘骜（ào）在未央宫宠爱赵飞燕姐妹，有了“一枝红艳露凝香，云雨巫山枉断肠”的诗句。未央宫是王权的象征，也是在这里，宫廷斗争残酷，历史故事频繁发生。

1954年，西安以汉代未央宫的名字命名城北的未央区，因此，有了后来的未央路。北风不乱，夜色未央，两千年历史的影子剪之不断，留下一个行政区和一条南北中轴线在岁月中静静流淌。

丈八路

天上掉下个龙王头

《西游记》里讲，长安城有一算命先生袁守城，每卦必准，是袁天罡的叔父。有一群在长安城外的渔民，每日送袁守城一条金色鲤鱼，袁守城就指引他们在泾河撒网捕鱼。泾河龙王担心自己的水族被人打捞一空，便化作白衣秀士，来到袁守城卦摊旁，和他赌下雨的时辰、雨量。袁守城把第二天下雨的时间、雨量算得极为精确。泾河龙王认为自己是掌管下雨的神仙，无论如何，这场赌局不会输。谁知，刚回到泾河龙宫，玉帝的旨意便到了，令他第二天降雨，时辰、降雨量和袁守城说的一模一样。但是，性格刚烈的泾河龙王却擅自篡改了下雨的时间、雨量。第二天，大闹袁守城的卦摊，袁守城怒斥泾河龙王犯了天条，恐怕性命不保。泾河龙王顿时慌了手脚，祈求袁守城救命。袁守城料到魏征将出任监斩官，让龙王去求唐太宗李世民，或许还有一线生机。泾河龙王便去向大唐皇帝李世民求情。李世民答应放他一马，于是，就在行刑的当天去找魏征陪他下棋聊天。行刑的时间到了，可是，魏征却被皇帝缠住，脱不开身去斩龙王，只好一边下棋，一边打盹儿，在梦里，还是把泾河龙王斩了。

老龙王的头很大，有一丈八尺，从天上掉下来时，刚好落在了长安城的西南角，当地百姓根据这个传说，把这里叫作“丈八头”，然后民间就有了丈八路。

传说归传说，关于丈八路的真实来历还得从唐玄宗李隆基说起。李隆基曾派人在长安城的西南角修过一条人工渠。这条渠有两个作用，第一，当然是给周边的人提供生活用水，第二，是从秦岭以南送往长安的货物从这里运输。渠里的水清澈透明，老百姓沿着渠道定居在这里。这条水渠，深有八尺，现在来讲，大概就是两米五左右，宽约一丈，也就是三米五左右，所以，这条水渠被称为“丈八沟”，而丈八路也随之产生了。

梨园路

史上第一座音乐学院

古代把戏曲班子叫作“梨园”，唱戏的演员称为“梨园弟子”，这种说法来自于唐朝。当时，西安城北是皇家禁苑。禁苑除了军事防御外，还修建有亭台楼阁和蹴鞠场等，供众多皇亲国戚游乐。禁苑里还有桃园、枣园和梨园。所以，今天西安城的西北边，有一条连接西二环和龙首北路的街道叫作梨园路。

唐玄宗李隆基是一个音乐天才，既能写词又能作曲。他在梨园组织了很多音乐家，成立了大唐历史上的第一座包含音乐、舞蹈、戏曲等教学内容在内的高等院校，李隆基自己担任院长，院长下面有写歌的编辑团队，还有演唱的歌手。在演出的途中，如果有人跑调的话，李隆基会立刻纠正，编辑团队人才济济。当时，像贺知章、李白等翰林院的学士都给梨园写过剧本和歌词。

除了编辑以外，梨园弟子中还有一位绝世舞蹈家，她叫公孙大娘，是开元盛世第一舞者，擅长一边耍剑一边跳舞。公孙大娘在民间表演的时候，引得无数人观看，惊动了朝廷，唐玄宗邀请公孙大娘到梨园一展舞姿。公孙大娘在传统舞剑的基础上，重新创作了很多舞蹈动作，既有男性的刚强，又有女性的柔美。唐代著名书法家张旭仰慕公孙大娘的舞蹈，看完以后茅塞顿开，立刻挥毫泼墨，写了一卷绝妙丹青。诗圣杜甫在少年时代也曾一睹公孙大娘的舞姿，当年的公孙娘子，容貌清秀，身轻如燕，一把剑，一支舞，挥洒出大唐盛世的万千气象。后来，大唐遭遇安史之乱，公孙大娘流落江湖，如一颗流星消失于历史长河中。多年以后，杜甫在白帝城看到公孙大娘的徒弟表演舞剑。当初公孙娘子宛若游龙的样子重新浮现在脑海中，不由得感慨万千。她就像整个大唐王朝一样，褪去了年轻的容颜。杜甫顺势提笔，“昔有佳人公孙氏，一舞剑器动四方，观者如山色沮丧，天地为之久低昂”。

今天的梨园路并非主干道，也不被人们注意。当年梨园弟子的绝妙表演、绚丽多姿又让人扼腕叹息！那一季，梨花未凋谢，春雨未停止，而他们也都未曾远去。

华清路

中国古代四大皇家园林之一

1936年12月，蒋介石来到西安，住在临潼区华清宫的五间厅中，督促张学良、杨虎城率兵进攻红军，两位将军为了抗日救国，发动兵谏，在华清池进行了一场激战，蒋介石听到枪声，从后窗逃走，跳入深沟的时候，脊背受伤，继续在骊山上行走，隐藏在草丛中，被搜山的部队发现，押送至西安，这就是著名的“西安事变”。

西安市临潼区的华清池，已有三千多年的历史，背靠骊山，面朝渭水，最早相传周幽王在此修建离宫，每年冬日这里的温泉让室内气温变高，雪花飘落的时候，落地为霜，故名“飞霜殿”。此后秦、汉、隋、唐分别在此修建行宫别苑，名叫“汤泉宫”，唐玄宗时，大兴土木，修建华清宫，每年十月，唐玄宗便携杨贵妃来此居住，来年春天返回兴庆宫，距记载，从开元到天宝年间，唐玄宗一共36次来此，唐代诗人白居易在《长恨歌》里写道：“春寒赐浴华清池，温泉水滑洗凝脂。侍儿扶起娇无力，始是新承恩泽时。”开国领袖毛泽东同志十分喜爱这首诗，上世纪60年代，便想着写下这千古名篇，《长恨歌》共120句，当他写到“惊破霓裳羽衣曲”这一句时被人打断了，后来也没有续写，所以今天华清池宜春阁南面的墙上，就刻着主席未手书完的《长恨歌》。

唐代之后，华清宫逐渐破坏，明清之后，其建筑已荡然无存，清朝光绪年间，临潼知县沈家桢重修了温泉驿馆，并改名“环园”。晚清慈禧太后离开西安时，就曾在这里小住，民国蒋介石也是在这里被活捉，今天的五间厅墙面上，还有“西安事变”发生时留下的弹孔痕迹。新中国成立后，华清宫的遗址不断被发现，华清池也进行了扩建，1959年，郭沫若先生游览华清池后挥笔写下“华清池水色青苍，此日规模越盛唐”的诗句，今天华清池大门上还有他的墨宝，此外，梅兰芳等一批名人也曾到此观赏。2000年后，华清宫遗址恢复项目启动，唐玄宗与杨贵妃的“长生殿”等十多处景观建成，而唐玄宗曾经沐浴过的“莲花汤”，杨贵妃使用过的“海棠汤”，都被一一展出，供游人观看，景区里著名舞剧《长恨歌》更是将千年爱情演绎的如泣如诉。今天西安市北边的华清立交、华清东路均以华清宫命名。

有道是：花前月下浴海棠，刀光剑影述离殇，盛唐的故事，浓缩在贵妃的汉白玉像里，却唯独这骊山，还是千年前的模样，岩石绿树，苍苍郁郁，华清宫的温泉依旧终年烟雾缭绕。亭台楼阁任凭风吹雨打，遗址已然不是雍荣华贵，那个坐在水池里闭月羞花的面含微笑的女子，早在尘土中沉睡千年，化为传说了。

劳动路

李白在这里被胡姬灌醉

劳动路的历史最早要追溯到隋唐时期，这里是大名鼎鼎的“西市”，是当时世界上最大的商贸中心。有来自中亚、南亚、东南亚及高丽、百济、新罗、日本等各国的商人。其中，尤以中亚与波斯、大食的“胡商”最多。这些外国的客商主要卖出香料、药物，再从中国买回珠宝、丝织品和瓷器。西市中有许多外国商人开设的店铺，如波斯邸、珠宝店、货栈、酒肆等。风行的“西市腔酒”不知醉倒了多少墨客文人，杜甫有“长安市上酒家眠”的句子，而李白名句：“落花踏尽游何处，笑如胡姬酒肆中”至今被我们诵读。金发碧眼、能歌善舞的胡姬很受“诗仙”的青睐。

唐朝以后，西市被历史淹没。新中国成立前，这里是西郊的一块普通农田，属于任家庄。新中国成立后，这周围开始有了西电公司、仪表厂等单位，劳动工人很多，因此便有了劳动路。当时，政府决定为劳动工人修建一座劳动公园，修建公园的任务，主要是由周围工厂的工人完成。大家热情很高，有的工人甚至把家里的铁器拿来，给公园搭建花台、铁门。其时，西安市园林处联系了著名学者郭沫若，请郭老为公园题字，郭老亲笔手书“劳动公园”四个字寄到西安。劳动公园也在1965年5月1日劳动节正式开放。

多年之后，长安城的我们仍然能看到在隋唐的遗址上重建的大唐西市。只不过这一次，时间已延续了一千年之久。而这一切历史和经历的源泉，都定格在这条劳动路上。

长安北路

吃醋的典故来源于此

长安北路正对的大门在隋唐时期叫作安上门，两旁是兴道坊和务本坊，唐朝著名宰相房玄龄便住在长安北路的东北处。唐太宗赏赐房玄龄美女，被房玄龄的老婆卢夫人拒之门外。长孙皇后和唐太宗苦劝不听，唐太宗龙颜大怒，赐毒酒给卢夫人，卢夫人一饮而尽，并没有毒发身亡，原来，皇帝只是和她开了个玩笑，喝的是一杯陈醋，由此产生了“吃醋”的典故。

明朝末年，为了防止李自成起义军攻占西安，陕西巡抚孙传庭在东西南北四座城门外，又修建了郭城，方便防御和观察敌情。郭城上设置放哨的城门，从南稍门到永宁门的地方就叫作南关，因此，有了南关正街。南关在明清时期也云集了很多寺庙，包括关帝庙、菩萨庙、龙王庙、山神庙等。晚清的时候，在南关正街修有教堂和西洋学堂。平时，洋人和周围的群众相处得并不融洽，摩擦不断。辛亥革命爆发后，提出“兴汉灭洋”的口号，他们焚烧学堂、教堂，制造出令人震惊的“南关教案”。

1949年，著名将领杨虎城在重庆被国民党反动派所杀。新中国成立以后，鉴于杨虎城是陕西人，并在此做出过很多贡献，所谓叶落归根，将他迁回西安安葬。送葬的车队从南关正街经过，西安老百姓感念当年围城之战时，杨虎城、李虎臣二虎守长安的悲壮，在街道两边支起桌子，摆上香炉、蜡烛和祭品，以告慰杨虎城将军。

2012年，南关正街改名为长安北路，835米的街道是中轴线的重要组成部分。其实，组成长安北路的还有隋唐的里坊、明代的郭城、清朝的寺庙，以及远去的南关正街的童谣：一二三，上南关，南关有个张老汉。张老汉，张老汉，顿顿吃饭把门关。有一次，门没关，苍蝇进来了一河滩……

雁引路

奔跑的皇帝

唐朝末年，藩镇割据，朝廷失去了对天下的控制，各地节度使此消彼长。公元895年，河中节度使去世，他的两个儿子王珂、王珙争夺继位权。当时，李克用上书请求王珂继位，李茂贞、王行瑜、韩建等人上书请求王珙继位。唐昭宗李晔（yè）开始左右为难，最后同意了李克用的意见，立王珂为河中节度使。这下惹怒了李茂贞、王行瑜、韩建等人，三处共同起兵攻打长安。李克用不想看到这三人把皇帝控制了，于是也出兵攻克绛州，斩杀刺史王瑶，又来到河中。王行瑜散布谣言说：李克用的十万人马杀到长安来了！其实，王行瑜想让唐昭宗移驾邠州，李茂贞的干儿子阎圭想让唐昭宗去凤翔。一时间长安城军阀云集，都想抢皇帝这张王牌。唐昭宗从南边启夏门（今翠华南路）一路奔跑来到今天长安区的引镇。并派人通知李克用，长安告急，赶紧来救。李克用向唐昭宗要了官职、赏赐后带兵救长安，请唐昭宗回到大明宫。

因为唐昭宗曾经逃到长安区东南部的引镇，后人就传说，古代有位皇帝在这里迷路了，当地的老百姓牵着他的马带他回到皇宫。

因此，这里被称为引驾回，意思是引着圣驾回宫。其实，引驾回真正来源于明朝，当时这里属于明朝军事机构右卫所在地，统领这里的将军姓尹，所以得名为尹家卫，后来谐音读成引驾回，新中国成立后改为引镇。

在西安市东南，连接大雁塔和引镇的街道，被命名为雁引路。连接的方式有很多种，有的连接是一种陪伴，有的连接是一种互相取暖，而雁塔连接引镇，是一种淡淡的默契，长久的陪伴。

太白路

最早的雨神在西安

太白山横跨宝鸡市眉县、太白县和西安市周至县，这里得天独厚，最初只有一座并不起眼儿的山神庙。后来，传说来了一位叫太白金星的人在此修炼升天，当地的人为了纪念他，就在这里修建了一座庙，取名为太白庙。西汉时期，统治者在这里修建了太白祠，这里是道教三十六洞天的第十一洞天，历代皇帝都到山上参拜，香火鼎盛。北宋年间，关中西部长时间没有下雨，天气干旱，对于百姓的耕种是一种严峻的挑战。为了求雨，时任凤翔知府的李照遵率领全城百姓在太白山祭拜，以解救生灵。

在道教中，太白金星是核心成员之一，地位仅在三清之下。在小说《西游记》中多次出现太白金星的故事，可见他非常受人们的喜欢。

从唐朝开始，一旦发生了干旱，皇帝就在四月初八这天派使者亲自去太白山取水。水取回来后就直接倒入庙中的神坛，祈求甘霖滋润万物，保证丰收。后来，因为路途太过遥远，就在西安城的西南角修建了一座太白庙。1900年，慈禧太后来到西安，刚好遇上陕西大旱，她便先后两次从国库里拨出银两重修太白庙。新中国成立前，西安城太白庙的所在地被称为“太白庙十字”，也因为这里存在这座庙宇，所以，西安城西南这条长6 776米的南北走向的道路就叫作太白路。

今天我们穿行在太白路上，很难想起当年的太白庙，山上的青石幽巷，终年积雪；庙宇古道，马蹄声远。有道是：太白枝头看，花开不记年。樽中浮日月，庙外是青山。

自强路

玄武门之变发生在这里

公元626年7月2日，大唐太子李建成和弟弟李元吉骑着马准备从玄武门上朝。此时的玄武门守将常何已经开始帮助李世民，常何在此埋伏下了兵马。他俩察觉到了变化，立即掉转马头，李世民从后面呼叫二人停步，李元吉回头张弓连射三箭，但慌乱之下三箭都没射中。李世民一箭射出，当场射死太子，李元吉也被尉迟敬德射伤落马。但是李世民的坐骑被流箭射伤了，失去控制冲入林中，致使李世民的腰带被树枝钩住，坠落马下。李元吉追过去夺了李世民的弓，要用弓弦勒死他，尉迟敬德及时赶到大喝一声，李元吉本来就怕尉迟敬德，赶紧逃跑，被尉迟敬德一箭射死，这便是有名的玄武门之变。玄武门所在的位置就是今天的自强西路和华强路一带。

为什么叫自强路？还得从明朝末年说起，当时，童家巷、张家巷、庙后头、中架村和北郭上村五个村逐渐形成一体，统称午门坊。午门坊这个名字是因为自强东路紧挨着大明宫而得。据说，当时大明宫南边还有一座城门叫作午门。后来大明宫因唐末战火被毁，而午门坊这个名字却保留到明朝。自强路这三个字的来历有两种说法。一是1934年，杨虎城主政西安，修建陇海铁路。周围的道路都是土路，下雨天不仅湿滑，而且还有积水，给往来乘坐火车的人带来不便。这时，一个叫作黄自强的人自发组织这里的村民用煤渣把泥土路铺上，并将道路拓宽，后人根据黄自强的名字把这条路命名为自强路；第二种说法是1937年，日军发动卢沟桥事变，抗日战争全面爆发。西安为了表示抗战的决心，将城北的道路取名为自强路，意思为自力更生，发愤图强。

如今的自强路两旁绿树成荫，东西车水马龙。《周易》讲："天行健，君子以自强不息。"自强不息的不仅是一条4.7公里的自强路，还有历史的延续，年华的生生不息。

莲湖路

莲湖荷花别样红

明太祖朱元璋将二儿子朱樉分封在西安做秦王。秦王除了给自己修建了一座王府外，还修建了供自己玩乐的花园。花园的位置选在唐长安城承天门遗址上。这里地势比较低洼，朱樉命人把龙首渠和通济渠这两条水渠的水引入到花园里，渠水非常充沛，使得水面广阔，形成一个大水池，然后在池中种满莲花，所以，又叫作莲花池。池中红、白各色莲花在水中摇曳生姿，湖面鸥鹭展翅，荡舟湖中，宛若置身江南水乡。水池旁还建有秦王的私人佛寺——莲花寺，专供王子、王妃等贵族在此拜佛。

到了明代末年，由于龙首渠和通济渠被阻塞，池水也随之干涸，莲花池的景色瞬间幻灭。清朝陕西巡抚贾汉复在乾隆六年将通济渠疏通，莲花池又重新焕发了生机。贾汉复将莲花池改名为放生池，表明当时莲花池中放养有大量的鱼类。此时的莲花池已不再是贵族的私人花园，而成为了西安城内的公共园林。可是好景不长，乾隆后期，通济渠再一次堵塞，曾经显赫的莲花池又日渐衰落。1916年，又将这里重新开辟为公园，取名为“莲湖公园”，清末民初，北大街十字至莲湖公园一段有条名叫王家巷的狭窄弯曲的小巷，莲湖公园，许士庙街以西的东西小巷称为莲寿坊，两条小巷当时只能供行人和架子车、黄包车通过，纯属“步行街”。

1958年—1959年，西安开通莲湖路，打通了大庆路——长乐路这一东西轴线，堪称城市建设史上的大手笔，为完善西安路网结构发挥了巨大的作用。

如今的莲湖公园已成为西安历史最悠久的公园，亭台楼阁，曲径通幽，隐约能想象当年莲花池的盛景，正印证了杨万里的名句：“接天莲叶无穷碧，映日荷花别样红。”

青年路

他打败过郑成功

青年路最早分为东西两段。西段叫作九府街。这个名字来源于明朝初年。当时，朱㮋在西安做秦王，朱㮋第九子的郡王府就在此地，所以称为九府街。因为这个说法缺乏史料证明，因此，仅仅是个传说。

路的东段以前叫作梁府街，因为清朝初年著名将领梁化凤的府邸在这里，故称梁府街。梁化凤是顺治年间的武进士，顺治十六年，郑成功率大军攻打崇明岛，梁化凤带兵抗击，不久郑成功率大军攻破镇江、江宁城。梁化凤率本部三千人马赶赴前线支援，与江宁清军共同打败郑成功的军队。

梁化凤战功显赫，被封为江南提督。康熙皇帝巡游西安时，还专门看望梁化凤。他去世后，朝廷不仅为他举行了隆重的送葬仪式，而且还在陕西、江苏、浙江和安徽等地为梁化凤立了功德牌坊。今天，西安城的街道“梁家牌楼”也是根据他的故事而得名的。梁化凤的后人也保存了大量皇帝的圣旨，但在“文革”期间，这些文物大部分被烧掉，剩下一部分圣旨被转送外地，或是埋在地下才得以保全。

1947年，九府街与梁府街因三民主义青年团陕西支部设在梁府街公字5号，所以，这一整条街改名为青年路。青年是所有梦想的追逐者每一场酣畅的博弈，是初生牛犊的豪情，青年也是一个年轻的名字，配上一条古老的街道。

太华路

八十年的纱厂岁月

1934年，石凤翔率领八人来到西安，在西安城北购地122亩，从石家庄运来细纱机和粗纱机，创办了大兴纺织二厂，后来扩建更名为长安大华纱厂。

石凤翔早年在日本留学，攻读的是纺织专业，当时建厂的目的就是为了抵制日本棉纱的倾销。他改装设备，提高产量，将大华厂地址选在火车站北，紧贴含元殿，陇海铁路便利的交通为大华纱厂今后的发展奠定了基础。同时，大华纱厂是西安工人运动的核心，西安事变期间，大华职工救国会是西安救国运动的主要力量之一。1940年，石凤翔的女儿石静宜与当时驻守临潼、任胡宗南步兵营少尉排长的蒋纬国结识并恋爱，后来在长安城南结为夫妇。

因为有了大华纱厂，所以靠近门前的道路也被命名为大华路。新中国成立以后，在大华纱厂的带动下，陕西一度成为全国重要的棉纺织工业基地。20世纪80年代，大华纱厂开始亏损，2008年因为经营不善而申请政策性破产。如今，这里被改造为西安首个工业遗产博物馆。同时，大华路拓宽街道。当时东、西、南、北四个城角延伸出的道路均以西安周围的山脉命名，东北城角的大华路因为西岳华山改名为“太华路”。华山名字的来源说法很多，一般认为，华山山峰像一朵莲花，古时候，华山的“华”与花朵的“花”通用，所以郦道元的著作《水经注》里说“远而望之若花状，故名华山。”华山在华阴县以南，因为西边还有少华山，所以，西岳华山又叫作太华山。太华路便来源于此。

到今天，“大华”作为西北近代纺织业的奠基者和“老字号”，已历经八十年风风雨雨，也随着时代变迁不断发展变化，并在历史舞台上谢幕。但无论何时，只要提起西北纺织工业，人们都不会忘记“大华1935”这个名字。

星火路

星星之火，可以燎原

以明城墙为基准，以前向东、西、南、北延伸出的道路分别命名为：太乙路、太华路、太白路和太岳路，这四条路的名字来自于陕西的四座名山。西北城角延伸的这条路，面向宝鸡千阳吴山。吴山是古雍州第一大名山，山势巍峨，云海荡漾，还有人文景观，也是我国最早祭祀炎帝、黄帝的地方，同时，也是历朝历代皇帝祭祖的地方。清朝的时候，康熙皇帝来到陕西，亲自在吴山写上“五峰挺秀”的牌匾，因为吴山在古代称为“泰岳”，所以，这条路后来谐音叫作“太岳路”。

1966年，西安城很多街道都要改成和革命有关的名字，东、西、南、北四条街延伸的街道分别改名为援越路、红旗路、燎原路和星火路。“星火”这两个字来源于1927年，当时大革命失败后，毛泽东开创了农村包围城市的战略，并在后来一封信中提出“星星之火，可以燎原”的思想。“文革”结束后，“太白路”“太乙路”“太华路”相继恢复了原来的名字，而星火路这个名字却沿用下来。原来，当时国家有一个“星火计划”。星火计划就是当时国家决定经济的发展先从农村起步，从农村经济向全国各地蔓延的态势。所以，星火路就一直被保留到今天。

如今的星火路车水马龙，昔日星星之火的信仰，像这条街道上的灯，照亮夜行的路，走向每个破晓的黎明。

长缨路

今日长缨在手，何时缚住苍龙

长缨这个词最早出现在《韩非子》这本书中，意思是古代帽子上的丝带。到了汉朝，长缨这个词因为一个叫终军的少年而得名，终军十八岁的时候，就毛遂自荐去匈奴当使者，受到汉武帝的赏识。后来天下大一统，只有南越政权没有归附，终军又愿意出使南越。他对汉武帝说："愿受长缨，一定要让南越王来归顺。"所以，有了主动请缨这个成语。但是，后来由于南越国内乱，终军被杀。可是，他主动请缨的胆识让后人钦佩。这里的长缨指的是绑住敌人的绳子。

1935年8月，毛泽东率红一方面军向陕北根据地挺进。红军攻克天险腊子口，奇迹般地越过岷山草地，进入甘肃南部。当时，国民党一方面调集重兵"围剿"陕北革命根据地，另一方面，在六盘山一带建立防线，妄图围歼长征红军。红军在毛泽东指挥下，佯攻天水，然后出敌不意，掉头北进，攻克通渭城，进入平凉、固原大道。后来，红军在宁夏六盘山的青石嘴，又击败了前来堵截的敌骑兵团，扫清了阻碍，摆脱了追敌。当天下午，又一鼓作气，翻越六盘山。胜利后，毛泽东难以抑制心中的欢喜，写了一首《清平乐·六盘山》的词，其中一句："今日长缨在手，何时缚住苍龙？"成为争相传诵的名句。

1966年，根据毛泽东的这首《清平乐·六盘山》将西安城东的一条街道命名为"长缨路"。今天的长缨路车来人往，繁华依然，那是百家争鸣的韩非，主动请缨的终军，还有今日长缨在手，何时缚住苍龙的铮铮之音。

湘子庙街

"开满四季的花，都在你的篮子里"

街

The Chang'an story

我们通常把开设有商店的地方称为“街”，由于街更为繁华，因此它产生的词汇也很丰富，街拍、街舞、街景等等。西安的街道有一部分是根据旁边的建筑得名，包括寺庙、宫殿、书院，还有一部分是根据它的功能来命名，现有的街道名字大多是隋朝以后命名的。

城隍庙的起源

秦朝末年，天下大乱。有一个叫作纪信的县令，脱下官服，到刘邦手下做了一员战将，跟随刘邦平定关中。公元前206年，楚汉相争，刘邦率五路诸侯，共五六十万人，攻入项羽都城彭城。在北方作战的项羽得知此消息后，立刻率精兵三万回击，打败了汉军，刘邦狼狈不堪地退到荥阳。项羽截断刘邦的粮道，刘邦被围困长达两年零四个月之久，荥阳城内已经没有任何食物。关键时刻，长相和刘邦相似的纪信站了出来，他建议自己假扮刘邦骗取项羽的信任，让刘邦趁机出城。无奈之下，刘邦只能采取纪信的办法，带了十几个将士逃跑，而纪信则假扮刘邦投降项羽。项羽的军队互相庆祝，等到项羽见到纪信后，才发现上当，一气之下，将纪信用火烧死。

后来，刘邦打败了项羽，统一了江山，在庆功宴上想起了纪信的功劳，对满朝文武大臣说："没有纪信当年的计策，我怎么能有今天？"就把他的骨灰送到家乡四川南充安葬，并在全国各地修建城隍庙纪念他。城，就是城墙；隍，本意是没有水的护城壕。城隍就是一座城市的守护神。汉代以来，但凡有城池的地方，都有城隍庙，后人就把纪信称为“城隍老爷”。今天西大街的城隍庙修建于朱元璋时期明洪武二十年（1387年），起初地址是在东门内九曜街，明宣德八年（1432年）移建现址，是当时天下三大城隍庙之一，统辖西北数省城隍，故称“都城隍庙”，它后面的街道，就取名为庙后街。

今天的城隍庙经过多次修复，气宇轩昂。而隐藏于城隍庙之后的庙后街，更像是纪信的真实写照。奠定大汉四百年江山却鲜为人知，只有一句“天今荒草空祠宇，一片忠魂万古留”写出这位巴蜀男人的情怀。

兴善寺街

佛入红尘，长安便是道场

跨过长安立交一路向南，有一条连接西边朱雀大街和东边翠华路的街道，那便是被长安中路分开的兴善寺街，而它的名字则是以兴善寺西街上的大兴善寺命名的。

“兴善”就是行善的意思。大兴善寺，顾名思义，就是要大加行善的寺庙。它始建于晋武帝司马炎年间，起初叫作遵善寺，距今已有一千七百多年的历史，是西安现存历史最悠久的佛寺之一。在隋文帝杨坚修建大兴城时，他将陟（zhì）岵（hù）寺和遵善寺两寺合并，重新改建，由于它位于大兴城的靖善坊内，因此便取了大兴城的“大兴”二字，和坊名的“善”字，为它赐名：大兴善寺。

隋唐年间，因为众多来自印度的僧侣在这里翻译佛经、传授密宗的缘故，使得大兴善寺成为了当时长安城内翻译佛经的三大译场之一，也成为了汉传密宗的发源地。密宗以密法奥秘，不经灌顶，不经传授，不得任意传习及显示别人而著称。兴善寺在唐武宗李炎会昌年间，遭到了严重的损毁，直到清朝顺治、康熙年间，才被重修。但遗憾地是，它在同治年间又再次被毁。新中国成立后，大兴善寺被列为陕西省重点文物保护单位，并在1983年被国务院列为全国重点开放的寺院之一。

作为“中国佛教八宗”之一密宗的发源地，大兴善寺不仅声名远播，影响深远，同时，它还是中印文化交流史上一个很值得纪念的地方，所以今天，人们便以它的名字命名了这一条兴善寺街。那一世，这里为古刹，西晋为青灯；那一世，这里为清石，大兴为月牙；佛入红尘，长安便是道场。

红埠街

长安城的格局源于此

隋文帝杨坚建国以后，仍然住在西北方汉朝的宫殿里。但是，这座经历了七百八十年的宫殿早已破旧不堪，皇宫里的地下管道经常堵塞，很多建筑已成危房。更要命的是靠近渭水，隋文帝经常做噩梦，梦见渭水把皇宫淹了。长期的心理阴影让隋文帝决定重新修建一座宫殿，地址选在哪里？一时难以决断。

有一天，他路过一个叫杨兴村的地方，觉得这里非常好。从地形上看，这里在龙首原的南边，一片平坦之地，既可以遮挡北风，又向着阳光。更重要的是，隋文帝姓杨，被称为“大兴公”。所以，杨兴村是上天赐给隋文帝的宝地。隋文帝随即召来了设计师宇文恺，以杨兴村为中心修建都城，并把长安城改名为“大兴城”。我们所说的杨兴村就是今天的红埠街，在隋唐年间，叫作承天门街，是长安城皇城的中轴线，宽440米。唐朝末年，承天门街毁于战火，到了清代，人们才把这里叫“红阜【fù】街”。红阜就是红色的土堆，是唐朝末年承天门的城墙，瓦砾被大火烧过之后留下的土堆，时间久了，人们就把阜字安上土字旁，变成埠，就是今天的红埠街。

清朝末年，八国联军入侵北京，甘肃提督董福祥率领军队从甘肃到北京抵抗外国侵略，但是，清朝军队根本不是对手。董福祥将军护送慈禧太后和光绪皇帝来到了西安。后来，他就一直留在西安城。今天，红埠街老53号就是董将军当年的住所。

曾经，隋文帝一次偶然的遇见，有了后来长安城的格局，此后的故事已耳熟能详，暂不再赘述。帝王马蹄处，红色城墙前，曲终人散，转瞬千年。

广济街

典型的名人效应

汉代河南闹瘟疫，一位老者开了一家中药店，门口挂一药葫芦，葫芦里装满专治瘟疫的药丸，葫芦在古代叫作“壶”，人称老者为“壶翁”，悬壶济世这个成语便由此而来，又有了“葫芦里不知卖的什么药”这句俗语。元朝在西安城朱雀大街以北是药商铺的集散地，所以这条街道取名为“广济街”。

广济街在唐朝叫作承天门大街，又被称作“天街”。当时，整条街的宽度超过一百五十米，规模相当于双向二十多车道的高速公路，非常壮观。韩愈曾经写道：“天街小雨润如酥，草色遥看近却无。最是一年春好处，绝胜烟柳满皇都。”春天的雨将整个长安城笼罩得朦朦胧胧，让人感觉心旷神怡。这种浪漫的描写，也将整条“天街”带给人以肃穆之感，化作绵绵的柔情蜜意，成了这条街给后人们留下的最感性的印象。

清朝末年，慈禧太后来到西安。由于内忧外患，老佛爷食欲不振。有一天清晨，慈禧太后乘坐辇毂，来到了广济街十字。当车正在上坡时，突然，老佛爷闻到了一股浓浓的香味儿，欲罢不能，便叫人立即去打听。陕西巡抚回答说，是一家卖牛羊肉的正在煮肉。香味儿诱使慈禧胃口大开。品尝之后她对此味道大加赞赏，每日念念不忘西安的腊羊肉。左右为了讨取慈禧的欢心，将腊羊肉列为贡品，吩咐店主日日供奉，于是，就把这个地方赐名为“辇止坡”。辇就是太后乘坐的交通工具，类似于今天的豪车，止就是停止的意思，意为太后在这个坡上停下了车，品尝美食。

人说一世有三乐：开卷读书，闭门修禅，悬壶济世。士君子贫不能济物，遇人迷障处，或病入膏肓时，有缘人出一言点化，广济街用一味药材，一条街道诠释。人说离经易道为一人，悬壶济世为苍生！

梆子市街

唐代的福利机构

佛教在唐代蓬勃发展，佛教的寺院更是在长安城星罗棋布。与佛教有关的官方活动，以及寺庙自发的活动，在当时都很盛行。此外，风景优雅的寺院还是文人游乐、集会的场所。

唐代的寺庙有自己的田地。按照政府规定，各大寺庙都要从田地里拿出一部分作为“福田”，福田产出的粮食专门提供给孤寡老人和儿童。所以，寺庙里会有一个专柜，上面写着“广种福田”，来寺庙的游客可以向里面捐款，所得捐款用来救助孤寡老人和儿童。这些需要救助的人甚至可以住在寺庙里，寺庙每天提供两顿饭，到了饭点的时候，就敲梆子。梆子是一种打击乐器，由两根长短不等、粗细不同的实心硬木棒组成，材质一般是紫檀和红木，在戏曲和民间器乐合奏中经常使用。寺庙用敲击梆子的方式来提醒大家，该吃饭了。时间一久，人们用敲梆子这个名字代替了原来寺庙的名字，这座寺庙叫作“梆子寺”，这条街道也就叫作梆子寺街。因为在西安话中，寺庙的“寺”和城市的“市”发音相同，所以到了清代，就演变成今天的梆子市街。

现在的梆子市街分东、西两段。西梆子市街长424米，新中国成立以前叫作“油巷”，新中国成立以后，油巷和东梆子市街经过改造、拓宽，分别命名为东、西梆子市街。1966年，西梆子市街改名五星街西段，1972年恢复原名。

佛普度众生，手捧经卷，耳听梵音，就食髓知味。梆子市的一盏青灯，一方木鱼，一碗善粥。守着贫苦的人，守着似水流年，幸福安康。

湘子庙街

韩湘子在这里出家

在民间传说里有八仙过海的故事。其中，吕洞宾的徒弟叫作韩湘子，手持紫金箫，风流倜傥。但这一位神话人物在长安城的街道里是能找到原型的，在西安城南门旁有一处湘子庙街，全长521米，宽12.3米。

韩湘子为人狂放不羁，从小由韩愈抚养，但他不喜欢读书，二十岁下山探亲，音讯全无。二十年后回到长安，衣衫褴褛，行为怪异。韩愈让他和其他学生在一起读书，但韩湘子并不喜欢韩愈的安排，每天喝酒赌博。韩愈责备他不务正业，韩湘子施展自己的技能，在七天之内，韩湘子让牡丹花按照韩愈的要求变化颜色。唐宪宗李纯时，韩愈阻止皇帝迎奉佛骨，唐宪宗大怒，贬韩愈为潮州刺史，韩愈携带家眷及几个仆人匆匆上路。一场大雪突然降临，即刻淹没了蓝田县的南部秦岭山脉。车轮陷于古道中，停滞不前。韩愈望着莽莽秦岭，绝望至极。在茫茫大雪中，一匹快马踏雪而来，韩愈的侄孙韩湘子飘然而至。韩愈在朝中的遭遇和现实的困境一拥而上，吟出了那首著名的《左迁至蓝关示侄孙湘》："云横秦岭家何在，雪拥蓝关马不前。知汝远来应有意，好收吾骨瘴江边。”韩湘子护送着韩愈到达目的地。后来，韩湘子在五代十国时期被传颂为神仙韩湘子。

到了宋朝的时候，在长安城修建了一所湘子庙。但是，到了金朝和元朝时，湘子庙毁于战火。明朝又修建了湘子庙，一直到民国初年，湘子庙都香火鼎盛。因此，这条街被称为大湘子庙街，偏西南的街道称为小湘子庙街。1966年此街改为东升街，1981年将大小湘子庙街合称为湘子庙街。2005年，湘子庙按照原貌重新修复，全部用传统砖木结构组成。在这里，除了有一座上千年规模不大、小巧精致的湘子庙外，还经营着大大小小的充满文化气息的茶社和各类画廊。

全国的湘子庙有十多处，西安南门里的湘子庙是韩湘子出家之地。所以，这里被誉为湘子文化的发源地。后人对韩湘子有几句评价，所谓：“韩湘子，品玉箫，志学修行家室抛；雪拥蓝关难行马，曾度文公上九霄。”

二府街

《倚天屠龙记》赵敏原型在此

- Find stories everywhere in Chang'an

金庸小说《倚天屠龙记》女主角赵敏，是来自蒙古草原的郡主。她大气、豪爽、爱憎分明，为了帮助父亲建功立业，与中原六大门派为敌。她是人人眼中的妖女，却对明教教主张无忌一往情深，放弃郡主之尊，追随张无忌，退隐江湖。这样一个光彩的女性，她的原型与西安城的二府街颇有渊源。

元朝灭亡后，元朝大将王保保继续在甘肃一带与明朝大军对抗。当时，王保保还有一个妹妹被明朝大军俘虏，为了招降王保保，朱元璋将王保保的妹妹嫁给自己的二儿子朱樉。成为天子的儿媳妇，本是件荣幸的事，但王氏却对这门婚事进行了反抗。王氏不情愿嫁给哥哥死敌的儿子，但又不能明目张胆地抗拒圣旨，所以，提出她正在为父亲服丧来拒婚。朱元璋感到为难，他让大臣们商议。礼部尚书会拍马屁，他提出皇恩浩荡，在父丧期间，平民老百姓都可以成婚，更何况是未来的王妃呢？有了礼部的说法，朱元璋也就置“父丧”于不顾了，正式发布圣旨，册封王氏为秦王正妃。而这个传奇女子正是《倚天屠龙记》中赵敏的原型。

后来，朱元璋将朱樉封到西安做秦王，朱樉将自己的王府修建在今天的新城广场一带，因为是明太祖朱元璋的第二个儿子，后来王府以西的街道就叫作二府街。婚后王保保的妹妹过得并不如意，而且丈夫朱樉多次受到朱元璋的责骂，多亏太子朱标多方维护，才没有被废掉秦王的爵位。朱樉去世后，朱元璋评价他说，我所封的儿子当中，朱樉最年长，所以第一个封他到西安，谁知道他不修品德，让人心痛。而连名字也没留下的王保保的妹妹，跟着她的丈夫殉葬，只留下一条二府街和一个叫赵敏的女子，让金庸先生耗费三千笔墨，绘她绝世倾城。

大麦市街

起于粮食，归于美食

大麦市街连接桥梓口和洒金桥，在隋唐两朝属于皇城所在地。而它的由来有两种说法。第一种说法，据记载，清朝的时候，在今天西仓巷附近是官府储存粮食的地方，取名为永丰仓。俗话说，民以食为天，古代统治者在天下安定的时候，都要修建粮仓，用来给官员提供俸禄、军饷。另外，遇到灾荒、战乱，也可以给老百姓分发粮食。当时，大麦市这里正是粮食进出永丰仓的必经之路，因为地段特殊，所以不少人在这条街上开了自己的粮店。根据其属性，当时附近的居民就用“大麦”这种粮食来统称这条街道。

第二种说法同样出现在清朝。当时，在大麦市的东边有一座营里寺。因为当时有回族军队驻扎在这里，寺庙是专门为回族人做礼拜而建的。营里寺修建的恢宏大气，最关键的是，还有一扇非常大的门，当地的老百姓不管这座寺庙叫什么名字，只管叫它大门寺。后来，随着时间的演变，大门的门被误读为大麦的麦，名字也由大门寺变成大麦市。1900年，八国联军侵华，慈禧太后带着光绪皇帝逃到西安。山河破碎并没有改变老佛爷的胃口，她在大麦市这里享受着牛羊肉泡馍，并亲自为这里题字送上匾额。

如今，大麦市寺庙的传说已然褪去，粮仓的供应也不复存在，美食一条街代替了当年的马蹄声声。清晨的胡辣汤，夜市的烤肉摊，充斥着商贩的吆喝声，回家也好，离开也罢，一个人的故乡在他的胃里，在回坊那一段儿时的味道里。

西新街

莫斯科没有眼泪，只有红场

今天，新城广场以西的街道，我们称之为西新街。西新街在元朝是陕西诸道行御史台监察史院，类似于今天的检察院，这里的御史台监察史院是作为陕西地区监管官员的机构，时时向朝廷汇报本地官员的动态和任职情况。明朝建立后，朱元璋的二儿子朱樉到西安做秦王，要为自己修建一座王府，几番考察后在元朝御史台监察史院的原址上动工。而现在的东新街和西新街就穿过了当时秦王府外城萧墙的西门、砖城西门遵义门、砖城东门体仁门和萧墙的东门。

清朝时期，西新街这一带成为满城，而秦王府也被改造成为八旗的教场，用来操练清朝的军队。1926年，冯玉祥接受李大钊、于右任等人的邀请，从苏联回国，带领军队打败刘镇华的镇嵩军，解了西安之围，开始治理西安。冯玉祥对莫斯科红场情有独钟。莫斯科红场位于市中心，是莫斯科最古老的广场，是重大历史事件的见证场所，也是重要节日举行群众集会、大型庆典和阅兵的地方。冯玉祥便效仿莫斯科红场，在西安明王府的基础上修建了一座广场，并取名为红城，向苏联红色革命看齐，总占地面积约为18 770

平方米。1931年，红城更名为新城，广场称之为新城广场，新城广场东西两条街道得名为东新街和西新街。

现在，西新街一带和元朝的御史台，明朝的秦王府，清朝的满城教场相比，其繁华程度丝毫不逊色。只是往昔烽烟四起，红尘纷乱；如今八方平定，换了太平人间。

东关正街

西安最具慧根的地方

长乐门外到鸡市拐的街道叫作东关正街。隋唐时期，东关正街属于安兴坊和胜业坊，是一个达官贵人云集的场所。这里住着武则天时期著名的宰相韦安石、著名的歌妓霍小玉，唐文宗时期有名的宦官仇士良，唐玄宗的弟弟岐王李范的府邸也在这里。当年，杜甫就在李范的家里看过大唐第一歌手李龟年的表演。安史之乱后，李龟年和杜甫都流落到了江南。在一次聚会上，两个人偶然遇见，杜甫写下了“岐王宅里寻常见，崔九堂前几度闻。正是江南好风景，落花时节又逢君”的句子。

唐朝以后，长安城毁坏严重，明朝溥英修建了现在我们能看到的明城墙。明朝末年，又在已有城墙的基础上，向东、西、南、北四个方向开始修建外郭城。从东门长乐门到外郭城的地方叫作东关，关是关口、要塞的意思。东关是寺庙和道观聚集地，隋朝的总化寺、净住寺，唐朝的胜业寺、甘露尼寺，北宋的八仙庵。此后，这里大大小小的寺庙近百所，也被称为西安城最具有“慧根”的地方，每年这里的庙会热闹非凡。当时还有“老东关七寺十三坊，九庙八学堂”的说法。这里也曾是西安的贸易中心，一家店铺紧挨着一家店铺，盐店、酒店、饭馆、客栈层出不穷，嘈杂的叫卖声中含着算盘的响声和各地的方言。

如今东关正街全长四百九十米，已经不能和西安其他主干道相比了，但那些繁华的过往还一再被人提起。长乐门下的老人抽着烟，讲着当年慈禧太后从这东关进入西安城的故事，故事是越说越远，直到路的尽头……

琉璃街

起于印度，得名本土

琉璃一词产生于古印度语，随着佛教文化而东传，原来，它代表着蓝色，后来才包含其他颜色。琉璃街在唐朝属于十六卫军中的右威卫，唐朝的右威卫就是御林军，直接服从于皇帝，负责保护皇宫的安全。明朝西安第一任秦王朱樉有六个儿子，第五子永寿怀简王朱尚灴（hōng）的王府就在琉璃街以西的地方，与他隔了一堵墙，就是朱樉的第四子兴平恭靖王朱尚炌（zhōu）的王府。只是这两位王子在历史上并未留下太多的故事。到了清代，昔日的王府变成来往的街道。

琉璃街这个名字的来历有两种说法。第一种说法是，这里曾经是售卖琉璃瓦的街道，故而得名。第二种说法是，当年这里有一座灶君庙，灶君庙是纪念灶王爷的庙宇，灶王爷是中国民间最崇拜的神灵之一。“民以食为天”，食是生存的根本，提供食物的灶台成为维系家庭所必需的场所，家庭的“香火”不能断，灶台就是家庭的另一个象征。所以，祭拜灶王爷是家家户户必须做的事情。清末民国初年，灶君庙就在这里，庙里当时供奉着灶神老爷的像，到祭祀的时候，附近的居民都会到灶君庙前祈福烧香，当时小庙的香火特别旺盛。因庙宇的房顶是用琉璃瓦盖成的，所以，把这条街称之为琉璃庙街。1966年这里曾改名为红缨街，1972年恢复原名并沿用至今。

琉璃瓦是富丽吉祥的代名词，而灶神爷和传统文化相融合，琉璃瓦混搭灶王爷，所以有了琉璃街这一称谓，也正好印证了那副对联：“上天言好事，下界降吉祥。”

西关正街

西安最早的机场在这里

西关正街长1 183米，宽27米。唐朝时期，西关正街所对应的是皇城东边的城门，叫作顺义门，这周围住着武则天的侄子武三思和唐朝二十四功臣之一的英国公李绩。明朝末年，当时的陕西总督孙传庭修建了四座郭城，西关城的主干道取名为西关正街。

1924年，西安最早的民用机场修建在西关正街一带。后来蒋介石调张学良来西安攻打陕北红军，张学良带着家眷和东北军高官，乘飞机到西关机场，来到西安。张学良几次和红军作战，都没有取得有利的结果。此时，日军已全面侵华，蒋介石亲自到西安催促张学良打内战，张学良和杨虎城经过商议，兵谏扣押了蒋介石，逼蒋抗日，震惊了全世界。国、共两党先后派人找到张、杨二人寻求解决西安事变的方法，共产党代表周恩来等人也前来和平解决事变。后期如何处理蒋介石成为最棘手的问题，此时少帅张学良的心里左右摇摆，放蒋介石将面临秋后算账，杀蒋介石会招来更大的麻烦。思索再三，张学良决定亲自护送蒋介石回南京，接受军事法庭的审判。当张学良和蒋介石乘坐的飞机离开西关机场时，周恩来火速赶往西关，却没能见上少帅最后一面，周恩来感慨地说：“张汉卿是看《连环套》那样的戏看坏了，现在不但要‘摆队送天霸’，而且还要‘负荆请罪’啊！”果然，此后张学良被蒋介石软禁了五十四年。

西关机场距市中心仅4 400米，巨大的噪声影响到城区，经常看到飞机俯冲而下，掠过民居，掠过护城河。鉴于此，1991年，机场迁至咸阳市东北十三公里处，改名为西安咸阳国际机场。而西关正街的名字也在1972年被正式确认。

石家街

消失的安西王府

唐朝初年，北方的少数民族突厥一直是唐朝的心腹大患。唐太宗亲自率领人马与其作战，相传，唐太宗的母亲窦太后盼望儿子早日归来，便在这里修筑了一座高台，从高台可以望见渭水东流，取名为望儿楼。

到了元代，石家街这一带属于安西王府，安西王叫作忙哥剌，是元世祖忽必烈的第三个儿子。公元1273年，忙哥剌被封为安西王，驻兵六盘山，赐二等金印。第二年，又被封为秦王，赐一等金印。其王府在石家街一带，一个人封了两个王号，掌两个金印，这在忽必烈的众多儿子当中是独一无二的，可见，安西王忙哥剌的地位十分尊贵。后来，忙哥剌的儿子阿难答参与争夺王位，失败后被杀。当时的皇帝对他处以很残忍的刑罚，让战马从他身上踏过，他手下的官员也以同样的方式被处死。但是，安西王的属下辛德录被马蹄踩过后居然没死，皇帝觉得这是天意，就把他贬到长安城的西边周至县辛家寨。辛德录在长安城东北还有一座家庙，所以，后来那个地方叫作辛家庙。而安西王府随着时间的推移，消失不见，民国时期还剩下一些王府的地基。后来有人在王府周围定居，形成村子，称为石家街。关于石家街这个名字的来源，有两种说法：第一种说法是，明朝时期有姓石的人在此居住，因而得名。第二种说法是，这里刚开始是姓李的人居住，清朝姓陈的人又在这里定居。后来，刘、赵、闫、董、钟、张、任、朱八个姓氏的人来到这里，村里就有十个不同的姓氏，所以取名为十家街，数字的十字后来变成石头的石，就是现在的石家街。

1956年，陕西考古队发现了安西王府遗址，残存的地基和城墙诉说着当年的威严。随着城市化的发展，石家街城中村逐渐退出历史舞台，这里的模样也随着时光一起流走。而今又被我们提起，只怪人生太多相遇，而历史过分美丽。

报恩寺街

宫廷斗争下的父子情深

中国人讲究报恩！所以《诗经》里有“投桃报李”的句子，韩信有“一饭千金”的故事，白娘子以身相许报许仙。在今天西安城含光门里，东边有一条小街，叫作报恩寺街。

报恩寺街靠近甜水井的西端，长319米。报恩寺街的名字要追溯到唐朝。唐中宗李显和韦皇后一共有四个儿子，其中，长子叫作李重润，按照嫡长子的继承制度，被封为未来的皇储。公元684年，唐中宗李显触犯了武则天的权威，被武则天赶下台，他的儿子李重润也被贬为庶人，后有人向武则天进谗言，李重润被武则天杀害，年仅十九岁。四年之后，武则天下台，唐中宗李显在大臣的帮助下第二次做了皇帝。想起昔日的孩子黯然神伤，追封李重润为“懿德太子”，并在含光门旁修了一座“懿德寺”，后来这座寺庙在战乱中被毁坏。

到了元朝忽必烈年间，报恩寺这块地方成为蒙古贵族平章也先捏夫人也鲁的花园。据传说，花园里有石像在夜里闪闪发光，当时，人们都觉得是神仙显灵。为了感激神灵，感激皇帝的恩情，所以把花园改为寺庙，请皇帝忽必烈为寺庙题名为“大兴国报恩寺”，报恩寺从此得名。斗转星移，王朝更迭，到了明朝，秦王朱樉驻守西安，有一天路过这里，看见牌匾，认为现在是大明的江山，所以命人把“大兴国”三个字去掉，只剩报恩寺的名字。到了清朝光绪年间，报恩寺以东的空地被官员收购，办了一所“客籍学堂”，这所学堂后来演变成报恩寺小学。这里还曾是清朝西安总兵检阅军队的场所。1966年，这里改名为东升街西段，1981年恢复原名。

我们的文化传统有报恩的基因，所以有了反哺之义、跪乳之恩的传统，有了“滴水之恩，当涌泉相报”的作为，有了报恩寺街这样一段值得说道的历史。

炮房街

严肃点，我们不约

在没有火药和纸张时，古代人便用火烧竹子，使之爆裂发声，以驱逐鬼怪。后来，炼丹的道士经过不断的化学试验，发现硝石、硫黄和木炭合在一起能引起燃烧和爆炸，于是发明了火药。有人将火药装在竹筒里燃放，声音更大，从而代替了用火烧竹子的古老习俗。明朝，长安城的街巷大多都是根据它的功能命名的，比如炮房街。炮房街连接长乐坊与更新街丁字路口。明清时期，这里的居民靠手工搓鞭炮捻子，糊火柴盒谋生，一些商人将鞭炮捻子运到别处装火药，这里取名为炮房街。

炮房街的中段，有一座西安著名的寺庙罔极寺，罔极寺有一千三百多年历史，是唐朝太平公主给母亲武则天修建的祈福寺庙，名字出自于《诗经》:“欲报之德，昊天罔极。”意思是，父母对子女的恩情深厚，子女不知如何报答才好。据说，太平公主嫁给武攸嗣后，郁郁寡欢，他们夫妻二人并不相爱，太平公主在这里带发修行。因为修行，需要斩断七情六欲，而太平公主和武则天母女情深，所以，将寺庙命名为罔极寺。这座寺庙也成了古代妇女婚姻不幸来此释放烦闷的地方。当时，如若妻子忍受不了丈夫的品行或暴力，常常到这里烧香，祈求自己过得更好一些。同时，罔极寺在唐朝拥有极高的地位，当时吴道子等画家名作存放于此。历史上唐朝和吐蕃常年战争，后在罔极寺达成和平协议，这就是著名的“长庆会盟”。唐代著名天文学家僧一行圆寂后在此寺停葬，而寺内曾有一株牡丹一年内开花两千朵，甚为壮观。

1930年春节前夕，炮房街一家做纸炮的作坊发生爆炸，大火烧了半条街道，罔极寺被烧得只剩下五间前殿。人们传说“有五条龙护着大殿”，“文革”时期，寺庙改建成幼儿园，佛寺之间奔跑嬉戏的，是一群不知敬畏的顽童。

虽然《诗经》里解释昊天罔极为报答恩情，但罔极还可以理解为世事无常，无常的是炮房街这样一条明清的街道，加上这样一座盛唐的寺庙，无常的还有我们不能触及的亲情温暖，不曾知晓的兵荒马乱。

许士庙街

清洗耳朵洗出一段佳话

相传，在远古时期，有一位部落首领叫作尧帝，平时很节俭，住在茅屋里，吃糙米饭，喝野菜汤，身上穿着麻布袄。尧帝晚年的时候，因为儿子丹朱不成器，他不愿意把部落交给丹朱。

尧帝听说有一个叫许由的人，人品非常好，能力也很强，于是便派人去请许由出山，想把自己的位置禅让给他。面对如此诱惑，许由竟然拒绝了。他喜好游历于山水之间，对于权力没有任何的兴趣，所以他跑到一座山上隐居起来，和世俗社会断绝来往。后来，尧帝又派人找他，既然不愿意做天下的君主，那么就当一个地方官员。可是，许由却认为让他做官是在侮辱他，这句话脏了他的耳朵，于是他就跑到河边清洗自己的耳朵，继续隐居在山里，一生远离官场。后人将许由称为中国历史上的第一位隐士，成为千古美谈。

几千年后的明朝，有一位西安籍的官员，因不满当时朝廷的黑暗，便辞官回到了西安，他心中一直对许由很是敬重，所以，在当地修建了一座纪念许由的许隐士庙，以此来表示自己退隐的决心。

在明清时期，关中学派的知识分子以不做官为荣，很多人都到这座许隐士庙里来参拜，香火不断。明末清初，关中大儒李颙还为这座庙题上了“洗耳翁祠”四个字。相应的对联是：与尧帝同天日月光辉永在，祀隐士于地山川恩泽长存。相应的莲湖路南边，教场门北边，就有了一条全长340米的许士庙街。

新中国成立后，许隐士庙倒塌，改建成了一所学校。但是，这条街的名字却定格在许士庙街不曾改变，以此来告诉日后的读书人，洁身自好，淡泊名利。

四府街

一座王府和一片柿树的纠纷

整个明朝，皇帝的儿子一律封亲王而且世袭罔替，并不降职。亲王庶出的儿子封为郡王，以下是镇国将军、镇国中尉等。皇子成年后，若不能成为太子，就要去到封地，并终生在那里度过，没有圣旨不许随便出城或回京。朱元璋的子孙们封为亲王的有八十三人，共在全国各地建立了五十个亲王府。封为郡王至奉国中尉的，多得更是没有统计。

西安的第一任秦藩王朱樉将自己的第四个儿子兴平恭靖王朱尚炳的王府设在小南门以北，琉璃街以南，这条街因此得名为“四府街”。关于四府街的来历还有一种说法，据当地居民保存下来的房契记载，清代这里叫作“柿树街”，因为“柿树”和“四府”谐音，后来都叫四府街。

民国时期，为了推动国共统一战线的建立和发展，西安的爱国人士进行了一系列筹备工作。1925年8月，刘含初、杨明轩、赵葆华在四府街35号成立了“国民党陕西党员俱乐部”，积极宣传马列主义和三民主义。

新中国成立前，西安城有一部中共地下党与延安秘密联系的电台，每天把西安城内国民党的最新资讯传送到延安。电台的总部就设在四府街湖广会馆里，由于电台功率很大，后来被国民党查封。1939年抗日战争中，政府在四府街南边城墙开了一个口子，老百姓可以在城墙下躲避日军的军事轰炸，人们把它叫作小南门，从此，四府街成为一条连接城墙内外的干道。抗战胜利后，为了纪念革命烈士井勿幕先生，曾把四府街改为“井上将街”，后来直接叫“勿幕街”，直到1981年，才恢复了四府街的名字，一直到现在。

无论是柿树还是四府，现在已然无法去分辨，模糊的历史，像一缕被遗漏的阳光，一条街，千百年，可以有很多种叫法，但他的过往却是独一无二的。

糖坊街

灶王爷，请把嘴堵上

我国民间在秦汉以前就有祭祀灶神的习俗，灶神是玉皇大帝派到人间管理每家每户的基层干部。

明清时期，东起北大街，西至药王洞东口，有几家熬麦芽糖的糖坊，人们便依据街道的这个特点以“糖坊”来称呼它为“糖坊街”。这些糖坊持续经营若干年。灶糖有一个大用处，就是祭灶。民俗说：二十三祭灶官。传说，每年腊月二十三这天，灶王爷要上天庭向玉皇大帝汇报民间每户人家一年的善恶，老百姓为了让他多说自家的好话，就会在这天祭灶，给灶王爷供上灶糖等供品，因为灶糖不仅甜，黏性还大，让灶王爷吃了要么嘴巴甜，多美言几句，要么把嘴巴粘住，不让他在天上说坏话。所以，糖坊街的灶糖生意季节性很强，每到过年前，生意格外红火。20世纪30年代后，因为南院门的南华商店里面售卖洋糖，而在“南华商店买洋糖”在当时是一种时尚，所以，糖坊街的糖坊生意就渐渐萧条起来，没过多久，糖坊就彻底从这条街道消失了。

关于糖坊街名字的来历还有两种说法。第一种说法，相传，在糖坊街上曾经住着个姓唐的大户人家，唐家到处做生意，家大业大，宅院阔气，以至于都影响到了街道的命名，所以叫作唐坊街。第二种说法，说糖坊其实是一个误传，原本应该是写作“堂坊”。旧时候，这条街上曾经有过一座基督教堂，教堂很近，所以人们说起去那里，就顺口说成“去堂坊”，类似于现在常说的“回坊”。结果一来二去，“堂坊”传成了“糖坊”，这条街道也就被写作“糖坊街”了。

正学街

书山有路“秦”为径

在西安市钟楼以西，有一条南北贯穿马坊门和西大街的街道，叫作正学街，那么，正学街这个名字是从何而来的呢？

唐朝的正学街位于皇城之内，是尚书省礼部的所在地。唐太宗时期的礼部尚书豆卢宽、中唐时期大臣温造等人，都曾在这里办公。北宋时期，这里则是著名的理学奠基人张载传道授业、宣扬真理的课堂，关中学派的代表人物吕大钧就是在这里得到了恩师张载的真传，从而名扬天下。再后来到了元朝，身为京兆提学，掌管陕西一带教育的学者许衡，也常常在这里开坛立说、解答疑惑。为此，朝廷还专门赐下了书籍和教材，一时间，往来于这里的学者络绎不绝，关中学派乃至三秦大地的名声都远播在外。所以，在许衡百年之后，当地的百姓为了纪念他生前为教育事业所做的贡献，便在这里修筑了一间鲁斋书院。

明朝建立后，因为鲁斋书院荒废已久，秦简王朱诚泳让乡亲们迁居至此，并让提学副使杨一清在这里修建了正学书院，以供周围的子弟们读书、学习。慢慢地这里也就成了笔墨纸砚一条街，从而被百姓们俗称为笔店巷、穿心巷。后来，由于以孔庙为中心的文教区逐渐兴盛，正学书院也从高潮走向了低谷。清朝康熙年间，正学书院被正式并入关中书院，而它的所在地则成了总督衙门。1932年，国民政府对这里进行改造后，才正式将它命名为正学街。

今天，每当我们穿行于此，徘徊其间，仿佛仍旧能依稀感受到关中学派的弟子们埋头苦读、悬梁刺股的情景，仍旧能身临其境地听到张载、许衡跨越千年的传道之音。

盐店街

盛极一时的山西盐商

汉武帝之前，国家对于盐的管理还是比较宽松的，很多人靠自己煮盐、贩盐发财致富。到了汉武帝中期，由于长期与匈奴作战，导致军费支出太多，国库亏空。于是，汉武帝便对盐这种生活必需品实行了国家垄断，民众不得私自贩卖盐，而且盐的价格由政府规定，盐价很高，国家从中发了一大笔财。

当时，控制盐还有第二个考虑，因为中国古代毕竟是农业社会，盐商的收入比普通农户的收入高出很多，造成严重的贫富差距。再者，中国大部分地区不产盐，所以贩盐的商人，要在全国四处游走，如果盐商不诚信的话，是不好抓捕的。

汉朝设立盐运衙门，盐场制成食盐运往各地，由授权经销商销售，全国统一配送、统一售价，严禁私自加价、囤积。而且，每个县都设置几家盐商，盐商不得开分店，不得随意扩大经营。就是为了防止食盐垄断。

明清时期，在西安东起南广济街，西至四府街的街道就是西安盐商曾经聚集地。这些商人大多为山西人，他们全权经营西安的盐业。盐店街的西边梁家牌楼街，就有山西会馆，后来改名为“盐业公所”。过去，这里还流传一句口头语“官盐店里一杆秤，给多给少由你定”，反映当时盐商在这里盛极一时。而相应的这条277米的街道便取名为“盐店街”。

如今明清的盐商已成过往，汉唐的垄断已被历史遗忘，取代他们的是盐店街这条小街。抬眼望去，稀疏的树，夜晚灯火依次点起，月光醒了，便洒在并不宽敞的路上，那是六百年远去的盐商。

顺城巷

"夕阳余晖，最是一天浅淡时"

巷

The Chang'an story

直为街，曲为巷；大者为街，小者为巷。

巷因为小巧精致，充满市井，也成为历代文人落笔的地方，西安城的巷子大多产生于明清时期，尤其以城墙以内居多，这些巷子多数以它的功能命名。

窦府巷

历史上靠比武招亲迎娶的皇后

古代民间流传着比武招亲的故事。一般是由女方摆下擂台，邀请路人参加，通常擂主由招亲的女孩担任，或者捉对厮杀，选拔淘汰，武功最好者获得婚约。所以，《射雕英雄传》中，有穆念慈情定杨康；《杨家将》里，有穆桂英活捉杨宗保。文学作品的渲染让"比武招亲"更具有戏剧效果，但在历史上，真有这么一个故事，故事就发生在西安城东边的窦府巷。

据说，当年在此地住着北周的八大元帅之一的窦毅。窦毅有一个女儿，到了谈婚论嫁的年纪，家人突发奇想，在家门口贴上告示，大门上画了两只孔雀，如果有人能在百步之外连射两箭，且射中孔雀两只眼睛的人就是窦毅家的女婿。窦氏是当时有名的美女，而且，窦家名声显赫，谁都想攀上这门亲事，所以来应招的人络绎不绝。但是，在百步之外射中孔雀眼睛的人却一直没有出现。这时一位风流倜傥的公子来到这里，张弓搭箭，略微思索，啪的一声，箭头不偏不倚，正中孔雀的眼睛，现场一片喝彩声。窦家按照规定，将女儿许配给他，这位公子就是当时的唐国公李渊。

李渊一表人才，箭术高超，抱得美人归。窦氏后来多次在危难的时候帮助丈夫，并夺取天下，建立大唐王朝，还为李渊生下四个孩子，包括小说中隋唐第一武将李元霸，以及后来的唐太宗李世民。后人为了纪念窦皇后，将她曾居住的地方取名为“窦府巷”。这一段故事还形成了一个成语“雀屏之选”。

关于“窦府巷”的名字还有一种说法。《陕西地方志》里讲到，窦府巷又叫作“豆腐巷”。在明清时期，这里主营豆腐产业，因此得名。两种说法现已很难考证。

曾经的李渊轻衣薄纱，取一支长箭，得红颜，辗转天下！明清的小巷，鞠一把黄豆，粗糙的磨盘叠加在一起，落叶化烟听雨话，与君相逢窦府巷。

早慈巷

古代考试防作弊系统

一千多年前，武则天登上皇帝的宝座。求贤若渴的她开始对当时的考试制度做出改革，她增加了很多部门和职位，鼓励所有人自我推荐。武则天对于官员极为严格，所有官员都有试用期。如果在试用期表现不合格，就直接斩首。所以，当时涌现出了很多优秀的人才。我们熟知的神探狄仁杰，“天涯共此时”的张九龄，还有姚崇、宋璟等等，都是那个时期涌现出来的。武则天还首创武举人考试，名震天下的郭子仪就是武举人。

今天，儿童公园东墙外有一条叫作早慈巷的地方，是唐朝年间的考场。当年，在科举考试的时候，武则天有时亲自监考。为了防止作弊，在考场外面用枣树上的刺围成栅栏，告诉别人这里是考场，禁止翻越。这一方式一直延续到明清时期。当时，贡院的围墙上还有枣树的刺，时间久了，人们就把这条巷子取名为“枣刺巷”。清朝时期，东西举院每到考试的时候都会住着很多赶考的学子，其中很多人因为家境贫寒，不仅露宿街头，而且缺衣少食。住在枣刺巷的老百姓心地善良，他们十分同情这些贫寒的学子，于是每天早上给这些学子送水送饭，受到资助的学子们非常感动，就把枣刺巷叫作“早慈巷”，意思是“在早上做慈善事情的巷子”，这一称谓一直沿用至今。

严苛的科举制度成就了武则天时期人才辈出的辉煌，为后来的开元盛世奠定了坚实的基础。普通老百姓约定俗成的善举，给这里留下了不可磨灭的美名。早慈巷，讲述的不仅是制度的改革，更是人性的关怀。

学习巷

西安最有名的翻译

学习巷这个名字相传来源于唐朝。因为当时长安作为世界文化的中心，西方很多国家对此充满了向往，因此往来商贩不断。有些人甚至在长安定居，他们在回坊周围形成一个聚集的外交社区，学习汉语和唐朝的习俗。时间久了，就称这里为学习巷。学习巷的第二种说法依然发生在唐朝。伊斯兰教徒从西边传教而来，经过新疆、甘肃、河西走廊等地方来到长安，并在这里定居，他们把居住的地方叫作河西巷，后来经过时间的演变，河西巷被人误读为学习巷。根据街道的宽度分为大学习巷和小学习巷。

西安城内第二大清真寺——大学习巷清真寺就在这里。在明代永乐年间，郑和七次下西洋，这也是世界上最早的航海大冒险。在这距今六百多年的几次远洋航行中，郑和率领庞大的远洋船队二百多艘，每次出行，官员、士兵，以及随行贸易的商人多达近三万人。虽然人数众多，但是，有一个问题却困扰着郑和。那就是去这些国家，他身边没有一个能说阿拉伯语和其他国家语言的翻译，这让他很是着急。为此，在第四次远航之际，明成祖朱棣就在全国查找会说外语的翻译，经过认真筛选和考核后，最终脱颖而出的便是西安城大学习巷清真寺的掌教哈桑。哈桑当选这支庞大舰队的“首席翻译”之后，除了做好本职工作以外，还出谋划策，协助郑和完成了外交使命。

航海结束回到南京后，皇帝朱棣准备对哈桑施以重赏。可是，哈桑面对高官厚禄不为所动，他只是希望能够把自己掌教的大学习巷清真寺重修一遍。于是，朱棣派郑和到西安，由他亲自设计绘图和选材，扩建了大学习巷清真寺。

哈桑一生最高兴的事情便是跟随郑和下西洋，他在封赏和信仰之间选择了坚守，如一枚醒在早晨的露珠守护一座悠久的清真古寺。

卧龙巷

唐朝风水最好的地方

“卧龙”这个词最早出现在《三国志·蜀书·诸葛亮传》中。因为诸葛亮住在卧龙岗，所以自称卧龙先生。当时，荆州名士司马徽曾说过：卧龙凤雏，得一可安天下！诸葛亮是睡着的龙，庞士元是幼小的凤，前途不可限量。后来，根据诸葛亮的经历，就用“卧龙”比喻那些隐居或未露头角的杰出人才。在西安城东，连接东关南街和兴庆宫公园的巷子，叫作卧龙巷，全长六百九十米，很多人因为这条巷子的形状像一条龙，觉得这是卧龙巷这个名字的来历。

其实，历史上的卧龙巷在唐代是属于胜业坊和隆庆坊。公元701年，临淄王李隆基和他的四个兄弟在隆庆坊居住。九年后，李隆基和太平公主从这里出发发动政变，铲除了韦皇后和安乐公的党羽，帮助自己的父亲李旦当上皇帝。而李隆基因为功劳很大，被封为太子。李隆基当了皇帝以后，和他名字一样的字都要避讳，隆庆坊改名为兴庆坊。兴庆坊也因为住过李隆基而名声大起，被誉为“龙潜”之地，就是真龙天子曾在这里潜伏。李隆基对兴庆坊十分喜欢，便在此修建了兴庆宫。而卧龙巷这条道路全部在兴庆宫中，靠近兴庆池。水池本来是一块地势很低的地方，经过雨水的累积和水渠的流入，而成为云雾缭绕的一处景色，称为龙池，这一带也成了当时王朝的政治中心。到了唐朝末年，战火不断，兴庆宫遭到严重的破坏。当时的军阀韩建缩建长安城的时候，兴庆宫被废弃，到了明朝修筑城墙的时候，卧龙岗成了东郭城的一部分。新中国成立以后，根据这里曾经是真龙天子李隆基的住宅，也因为后来成为皇帝办公的地方。所以，给这条街道取名为卧龙巷。

如今的卧龙巷，已经不是当年的皇宫大院、卧龙之地了，几米宽的巷子两旁布满了商铺。多少人曾爱慕长安城古老的容颜，爱慕卧龙巷里唐明皇的往事慢慢飘散，可我们谁都要接受岁月在这里无情的变迁。

光辉巷

神话里的九曜星君

《西游记》里，孙悟空官封弼马温，因王母娘娘蟠桃会没有邀请他，索性偷御酒、偷仙丹、偷蟠桃，玉帝派九曜星官前去捉拿，孙悟空把他们打得落花流水。取经后的孙悟空遇见太上老君的坐骑青牛精，此妖怪手里有一宝物叫作金刚镯，能收各类兵器。孙悟空便请到了九曜星官中的火德星君和水德星君助阵。可见，九曜星官是神话故事里一个很重要的配角。九曜星官是指太阳、太阴、金、木、水、火、土等九位星君，他们主宰人间的吉凶祸福，但一般神话故事中，都是以配角的形象出现。

今天西安城北大街以东，西五路以南有一条光辉巷，它的前身叫作九曜街，就是根据九曜星官而得名。九曜街本来是属于隋唐长安城皇城的范围，唐朝末年战乱，当时的节度使韩建缩建长安城，九曜街所在的位置正好是北城墙所在地，所以路北叫作北城巷。

唐朝以后，宋朝、金国在西安设置的最高行政中心京兆府就在九曜街。明朝初年，朱樉到西安做秦王，秦王将自己的王府修建在九曜街和新城广场一带，王府南北长约七百米，东西宽四百三十米。清朝建立后，拆除了秦王府。1936年，北大街以东的街道被命名为平民坊。1966年九曜街改名为光辉巷，一是因为当时“文革”，所有的地名都被改成带有革命特色的名字。二是因为当初九曜街中的“曜”字是光辉的意思。

如今，光辉巷旁边的皇城路上还能看见当年秦王府的城墙遗址。宁静的光辉巷和繁华的北大街——被历史收藏，妥善安放，细心保存，留给后来的人们品味它的光辉。

粉巷
你们都想歪了

在南大街的西边，有一条329米的小道，它有一个让人心动的名字，粉巷。单是这两个妩媚的汉字来说，就让人陶醉，所以，无数人对这里的故事产生兴趣。

关于粉巷来历的第一种说法，是因为这里是古代烟花之地。隋唐时期，青楼名妓全部聚集于此，达官贵人、贩夫走卒纷纷到此停留。很多人认为，粉巷这个名字与当时霍小玉、杜秋娘、鱼玄机等名妓有关。而这个名字的来历的第二种说法是，隋唐年间，这里属于皇宫的区域，皇帝三宫六院，妃嫔众多，但依然有无数的官员为了取悦皇帝，在民间物色绝世美女献给皇帝。每年都会有来自各地的女子被送到宫中，这些女孩儿停留在这里，等待一连串的面试、考核，最后才能确定自己是否与帝王之家结缘，粉巷这个名字与皇帝选妃的传说不胫而走。粉巷的第三种说法，唐代以后，城墙以内的老百姓可以随意出入，明清时期的南大街依然是最繁华的地带，女人从古至今购物的天性从未改变过，所以，在这条小巷里，很多商家卖起了胭脂水粉，而且生意火爆，大家才把这条街叫作粉巷。

以上的三种说法有理有据，都说明这里应该是妩媚的、动人的。但是，我们翻开粉巷的真实历史，才发现以上三种说法都是谣传。粉巷这个名字是因为明清时这里有很多磨面的作坊和粮店，所以，粉巷是因为面粉而得名。这里不仅不浪漫，而且在康熙年间，这里还是西安城卖猪的市场。新中国成立前，粉巷是西安市三大粮食市场之一。1966年，粉巷曾一度改名为五星街，1972年恢复原名。后来拓宽改造之后，粉巷便形成了今天的面貌。

真实的历史和我们幻想的粉巷不尽相同。这一段短短的巷子里，想象的是一地浪漫的传说。每一片落叶就是一首歌，而我们实际收获的是一段平凡的历史。

冰窖巷

古代的避暑利器

根据《明清西安词典》介绍，明朝的时候，在西门白鹭湾一带有一个大水池，冬季结冰，人们就近在此地设置冰窖，给明朝王宫和清朝满族官僚夏季藏冰，冰窖巷这个名字就此得名。冰窖巷东起四府街，西至甜水井大街，北边与五星街汇合，是一段由三条巷子合成的街道，被人们戏称为西安城最冷的地方。

把冰块贮存起来供夏季使用，最早出现在西周。人们一般在春节前后开始采集冰块。由于古代没有先进的设备，凿开一尺多厚的冰块需要用人力搬到冰窖里，速度一定要快，一块块的冰累积起来，然后在冰窖里留下一条通道，用泥土把冰窖的门严严实实地堵上。到第二年夏天，出于降温的目的，人们需要从冰窖里取出寒冰，首先要祭拜冬季的神仙司寒。传说司寒住在北方，北方属水，为黑水，所以要用黑色的动物祭祀。同时，还要配有桃木做的弓箭，桃木的"桃"谐音为逃跑的"逃"，意思是夏天偷了冬天的冰，然后逃跑了，司寒就抓不到。从西周开始，皇帝就专门设有管理冰窖的官员，冰块一般只给王公贵族使用。民间是不允许私藏冰块的，因为冰块的

“冰”和兵器的“兵”同音，藏冰就等于私藏兵器造反，是明令禁止的。据说，夏天的时候，达官贵人请客，都喜欢在家里放置很多冰块降温，很多人需要穿着棉袄吃饭。各种冷饮、冰果汁、冰奶酪在古代也层出不穷。史书记载，当年唐玄宗、杨国忠等人都在夏天利用冰块解暑。当然，古代冰块大多都取自于周围的河流，所以冰块里不免出现杂质、砂石，如果直接食用，上吐下泻是避免不了的。

冰在古代象征纯洁、冷艳，所以有了冰清玉洁、冰雪聪明等成语。王昌龄用一片冰心来告慰洛阳亲友，罗大佑用冰雪不语写出追梦人隐藏的光彩，而长安城，则用一个叫冰窖巷的地方慢慢融化在历史的长河里。

骆驼巷

洒下一路驼铃声

在唐代，骆驼巷这里叫作骅骝马坊。骅骝是指红色的骏马，马坊就是给宫廷养马的地方，负责驯养军马和御马。御马就是皇家打马球、外出祭天所骑的马匹。马政的全部事务，都由太仆寺掌管。太仆寺就相当于《西游记》里的弼马温。

虽然在唐朝，这里和马有莫大的联系，但是，这里的名字却命名为骆驼巷。骆驼被誉为沙漠之舟，可以在没有水的条件下生存三周，没有食物的条件下可生存一个月之久，在沙漠中生存和行走的能力极强！为何取名为骆驼巷，有两种说法。第一种说法，现在的骆驼巷是一条笔直的道路，以前的巷子中间有一个拐出的部分，很像一头骆驼的驼峰，根据街道的形状来命名为骆驼巷。第二种说法，古代长安城名声在外，西域很多国家都和长安城有通商贸易的活动，许多商人用骆驼驮着货物远道而来，从西门进入西安，而在西门里有很多客栈和酒家，商人们在客栈休息，骆驼就由店家喂食饮水，久而久之，人们就把这个地方叫作骆驼店。后来有了巷子以后，改名为骆驼巷。

民国初年，在很多进步人士的倡导下，西安的学校如雨后春笋般地涌现，而骆驼巷中的西安市第七十中学，它的前身是1914年创立的西安女子第二高等学校，后来改名为陕西省立第二实验小学，1965年成为西安市第七十中学。

如今的骆驼巷只有一百多米，这里出入的有闲坐的老人，有叫卖的摊贩，有放学的孩子，还有记忆中那一串凝重的驼铃声。

大车家巷

最早的律师事务所

中国在商代晚期已使用双轮马车，中国古代的马车用于战斗之用，并成为贵族身份的象征，后来在民间很多行业中也有马车。马车也延伸出很多词语。春秋时期，把强大的军事国家叫作“千乘之国”; 我们把三位有影响力的人放在一起叫作“三驾马车”; 好的马车可连续奔跑一百公里，我们叫作“开足马力”。

在今天的西安城里，连接南院门和五岳庙门的街道叫作大车家巷，也和马车有关。据说，这里曾经是古代的4S 店。古代的人们用的是木材做的架子车，或是马车，这里就是西安制造车兼卖车的地方，所以叫作车家巷。名字来源的第二种说法是，这里曾经住着姓车的人，根据姓氏得名为车家巷。

1936年，西安事变和平解决后，张学良护送蒋介石到南京，遭到扣押。此时，东北军最有名望的将领王以哲在自己家所在的大车家巷召开会议。为了表示诚意，王以哲释放了陈诚、蒋鼎文等国民党高官，希望能够打动蒋介石，放了张学良。但不幸的是，东北军一些高级军官认为，王以哲的行为是出卖了东北军，所以派人到大车家巷暗杀王以哲。王以哲身中九枪，死时年仅41岁。王以哲的死让东北军群龙无首，也让所有人始料未及。当时毛泽东和朱德均表示哀悼。新中国成立以后，叶剑英才公开了王以哲共产党员的身份。

大车家巷有将军，也有民国著名律师冯纶。冯纶早年在山西大学法律考试名列第一，因而获公费留学日本，入明治大学法律系学习，并获法学士。后来冯纶被陕西省商业专科学校、铭贤书院等校聘为教授，并且在大车家巷开了一个工作室，取名为大律师冯纶事务所，名极一时。

如今的大车家巷随处可见的饭馆，熙熙攘攘的人群，多少时光，在深巷沉默；多少故事，在深巷演绎。青瓦长忆旧时雨，朱伞深巷无故人。

大吉昌巷

唐朝的娱乐生活

唐朝的娱乐生活非常丰富，有的继承了前代的内容，有的从其他国家传过来，经过糅合，有了新的玩法和规矩。贵族们打马球，梨园弟子登台献艺，文人诗词唱和。普通百姓聚在一起蹴鞠、看灯会、观社火，也自得其乐。但有一项活动是雅俗共赏、风靡一时的，那就是斗鸡。

在偌大的皇宫里，王公贵族、各级官员都参与其中。作为高级娱乐场所，斗鸡的场地当然不会离皇城太远。但是，由于皇城内的地方并不富余，除了官衙以外，还有庭院、寺庙，等等。经过一番寻找，刚好在今天书院门旁的大吉昌巷有一片空地，所以，这里自然就成了王公贵族们斗鸡的地方了。唐代诗人宋之问曾经在大吉昌巷附近办公，傍晚下班后经常路过这里。“日晚斗鸡场，经过夹斜看”。就连朝廷官员都要挤在人群里从缝隙中窥看斗鸡，可见当时这里的热闹程度。后来“鸡场”演变成了“吉昌”，在清朝光绪年间，这里就叫“大吉昌巷”。

大吉昌巷中曾经有过观音庙、黑虎庙和娘娘庙三座古庙。尽管三座庙内的神像都在“文革”时期被毁，但是，大吉昌巷至今仍保留着赶庙会的传统。每年的庙会，居民们都在巷子里搭起神龛、小庙，供着神仙佛祖，各种宗教、民俗工艺品让人眼花缭乱。说起庙会，不得不提大吉昌巷的鼓乐，鼓乐是庙会最重要的项目。音乐还没有开始，老百姓就已经蜂拥而至；鼓乐不结束，居民们决不会提前离开。鼓乐之所以好听，是因为乐谱脱胎于唐朝燕乐，后融入宫廷音乐，又在安史之乱中随乐师传入民间，被誉为“盛唐余响”“中国古代音乐的活化石”。西安大吉昌鼓乐在2009年被联合国教科文组织收入世界级非物质文化遗产名录。

如今，在电子地图上已经很难找到这条巷子，但是，在部分门牌上依然清晰可见“大吉昌巷”四个字。那些唐朝眷恋的斗鸡活动，消失了；那些消失的街巷名字，被历史记住了。

芦荡巷

德智体全面发展的好进士

卢进士巷得名于明代。那时，因为住在巷子里的卢进士学问很好，他的许多弟子便在老师家附近居住，还有许多外地的学子慕名而来，拜卢进士为老师，这些人听卢进士讲课，也佩服卢进士的为人。所以，当时，这条小巷便因卢进士而闻名。

“文革”期间，有一部著名的样板戏叫作《沙家浜》，讲的是在1939年，新四军某部指导员郭建光等十八名战士在沙家浜疗伤，他们和春来茶馆老板娘地下党员阿庆嫂与当地群众一起，与胡传魁和刁德一的汉奸部队进行了顽强机智的斗争，最后取得胜利。这部戏还有一个名字叫作《芦荡火种》，这也是当时八部革命样板戏之一，影响力很大。为此，当时把西安城中在今天南广济街以东，有一个叫作“卢进士巷”的地方改为“芦荡巷”。

清末以后，由于临近商业繁华的南院门，这条幽静的小巷成为商人们置宅的首选。至今，芦荡巷还保留着一处著名的老宅——姚家大院。富甲一方的大商人姚文青购置了这所地基，并于咸丰年间修建豪宅，分为南北两个院落。南院有个五开间，是内宅和待客的地方；北院有主人自用书斋和园林式花园，具有明清建筑风格。在院子的墙壁上，镶嵌着十几块大型的砖雕和木雕，有“三英战吕布”“黛玉葬花”等故事图案，内宅花园具有苏州园林的风格。“文革”时期，姚家毁坏严重。后来老宅保存了下来，但已失去了从前的风貌。现在，这里被作为非物质文化遗产和于右任故居纪念馆的文化接待处。

这里的老人还有些许关于芦荡巷更深的记忆。那时，炊烟袅袅，街坊邻里，儿时玩伴，墙角开放的小花，深巷叫卖的声音，都曾真实地存在过。

安居巷

明朝发行铜钱的地方

古代把铜钱做成外圆内方。一方面，古人认为天是圆的，地是方的，宇宙万物均在这里，所以，把铜钱做成这样。还有一个原因是，在铸造时为了方便加工，常将铜钱穿在一根棒子上，加工时为了铜钱不乱转，所以，将铜钱当中开成方孔。所以，后来人们就称铜钱为“孔方兄”, 有时候也指拜金主义。

公元1368年，明太祖朱元璋在全国各省设立了宝泉局，宝泉局就是当时铸造铜钱的机构。陕西宝泉局设在今天安居巷里，叫作钱局巷。古代铸造铜钱的工艺十分复杂。先做一个模板，人工在铜上雕刻成铜钱的样子，然后照着这个模板分发给全国各地的宝泉局。宝泉局拿到模板，准备一个木框，木框里用沙土填满，将铜钱模板放在沙土上，同时，在上面再盖上一层沙土，保证正反两面都能印在沙土上，然后在沙土里留下一些小通道，取出模板，将熔化的铜对准小通道灌进去，冷却以后将沙土打开，将铜钱取出来，再进行清理、打磨。这样，一个完整的铜钱就做好了。

很多人要问了：看起来挺简单，那么，古代铜钱如何防止假币呢？古代统治者首先在原材料上控制，铜矿不允许民间开采，只能官方挖掘。同时，对铜钱的模板要求有极高的标准，一般人模仿不来，而且对于原材料配料绝对保密，官方铸造的铜钱可以用几十年不坏，而私人做的用几年就磨成铜片了。最关键的一点就是，统治者对于敢造假币的人处以杀头之罪，所以很少有人铤而走险。

西安的宝泉局后来搬迁到今天的北大街旁的北曹家巷。因为铸钱的部门不在了，所以这条巷子便不叫钱局巷了，改名为安居巷，象征着安居乐业。如今的安居巷只是一条普通的巷子，有各种小型商店、饭馆。无外乎是我们现在的日常光阴，生活的柴米油盐，居民的平时闲坐，日子过得悠闲自在，或许就是安居巷的真谛吧！

马道巷

史上最温暖的春节

贞观六年年底，天上飘着瑞雪，长安城一片祥和。春节到了，唐太宗李世民眉头一皱，想起在监狱中还有一群判了死刑的犯人，便乘坐銮驾驾车来到大理寺监狱视察。当时，这里关着近四百名死刑犯。唐太宗动了恻隐之心，就跟这些死囚说："我跟你们立一个君子之约，放你们回去过春节，和家人团聚，来年秋后问斩的时候，再回到监狱伏法。"四百名犯人个个感激涕零。第二年秋后，这些囚犯全都回来了，一个都没有少。唐太宗很是高兴，就全部赦免了他们的死罪。贞观六年或许平淡无奇，但那一年的春节绝对是西安城历史上最温暖的春节。这个故事发生在今天北马道巷路东。

从玉祥门到西南城角的巷子，以西门为界，分别叫作北马道巷和南马道巷，北马道巷长一千米左右，南马道巷长六七百米。它们曾是隋唐长安城皇城西大门里的第一条南北大道。唐末经过战乱，皇城变为百姓居住的居民区，到了宋朝，今南马道巷被称为西城巷。到了明朝才被确定叫作马道巷，因为巷子临近城墙的登城马道，所以得名。登城马道，在古代具有军事意义，是守城骑兵与步兵上下城墙的坡道，不管是和平时期的日常城池防守，还是有紧急军事行动的战争时期，骑兵、步兵均可迅速从马道登上城墙。马道是一条斜坡，坡度为25度，宽6米，坡道的一旁有1.5米宽的阶梯，便于步兵上下城墙。清朝每三年举行一次考试，各个县考取武状元的学子赶到西安，在马道巷这里骑马射箭，许多人纷纷观看。

如今的北马道巷南口，还设有唐代大理寺遗址的石碑。这里也从隋唐的最高法院到明清的军事机构，已经完全变成现在的一条商业街。皇城古道变成了现代的水泥路，大小车辆的穿梭来往，早已取代了马蹄的声声叩响。

开通巷

长安城的变迁史

唐朝建立以后，将“大兴城”重新改为“长安城”，在隋朝都城的基础上进行扩建，面积秒杀任何皇宫，是明清北京城的1.4倍，是古罗马城的五倍，人口超过一百万。隋朝大兴城人口较少，杨坚不得不把自己的几个儿子派到各个里坊居住，以此汇聚人气。唐朝同样沿用隋朝的里坊制，唐朝的108个里坊更加规范，翊善坊（今西安火车站一带）多是太监居住地，唐玄宗身边的高力士就居住于此；平康坊（今环城南路东段以南）为妓女所在地，唐朝名妓王苏苏、杨妙儿均是在此红极一时。每个坊间都设有“里司”，里司就是各小区的负责人，到了黄昏，要关闭各大城门、坊门，任何人夜间不得在街道上行走，如有发现，关押或者直接乱棍打死。寅时（早上四五点左右），从皇宫的承天门（今广济街）上开始击鼓报时，然后，各个城门、坊门相继开启。

唐朝末年，昭宗皇帝李晔与关中节度使发生冲突。李茂贞等人举兵造反，朱温又挟持皇帝把都城迁到洛阳。长安的宫殿竞相拆除，木料器材全部搬走。几经折腾，长安城面目全非。出于军事防御的考虑，驻守长安的韩建将长安城进行缩建，缩建后，长安城东城墙就是今天开通巷所在的位置。

到了明朝初年，朱樉到西安做秦王，但当时的西安城经过缩建与战乱，地方十分局促，朱元璋命人扩建西安城，扩建以唐朝末年缩建后的长安城为基础，向东边和北边各延伸二分之一，而西南城墙保持不变。东城墙移动以后，留下的街道命名为“开道巷”，意思是为城墙开道。清代的时候，开通巷有一座城隍庙，这里有一条小路可以通往柏树林，如今只剩下柏树林一小段，已经无法通往开通巷了。民国时期，开道巷改名为开通巷，1966年改名为勤学南巷，1972年，又恢复为开通巷。

西安市政府于2006年实施传统民居的保护项目，开通巷被列为重点地段进行保护。它见证了长安城皇城的变迁，见证了明藩王的扩建，见证了寻常巷陌的岁月。至于其他，只是匆匆过客罢了。

火药局巷

一部近代史的缩影

火药在中国发明，并经过印度传给阿拉伯人，又由阿拉伯人和火药武器一道经过西班牙传入欧洲。

明清以后，火药被广泛应用，清朝整个西安地区的军火武器、装备制造是在柏树林的东边，那里是曾经的火药局。但是，在清同治年间，发生了一起严重的军火爆炸事件，柏树林周围的建筑被夷为平地，军火库一夜之间全部报废。之后，火药局就着手重新选址，为了避免再次发生爆炸事件，不能选在繁华地段，但军事重地又不能放到城外，当时的西南城角比较荒凉，符合新址条件，火药局便迁到了这里。

清朝末年战火不断，枪支弹药，甚至包括机械修理都聚集在此地。甲午战争爆发后，国家对于军火需求增大，在西安东县门设立了机器制造局，开始制造枪支弹药。几年后，陕西机器制造局迁到西南城角，这里成为名副其实的兵工厂。

从清末到民国初年，显赫一时的人物左宗棠、杨虎城、刘镇华都在不同时期把这里当作极其重要的军事要地。当时在这条巷子里面，还居住着革命志士张云山，他早年加入民间革命团体哥老会，并在大雁塔歃血为盟，后来辛亥革命西安起义，他们奋起杀敌，成为推动历史的重要人物。

到了1949年，人民解放军向西安发动进攻，已是强弩之末的胡宗南逃到陕南，并把火药局巷里的重要设备一起迁走。新中国成立后，昔日的兵工厂所在地改造为家属院，火药局巷也结束了与火药枪炮有关的历史岁月。如今，静谧的火药局巷没有了弥漫的硝烟，古老的城墙间，只有一条小道，穿过枪林弹雨，穿过断壁残垣，留在长安城的西南角。

迎春巷

比济公更疯癫的和尚

迎春巷在唐朝属于皇城以内的大社，所谓大社就是古代皇帝为天下百姓祈福的地方。主要祭祀的是土神和谷神，土神类似于神话小说中的土地老爷，谷神就是掌管农作物的神仙。皇帝常在此祈求风调雨顺，五谷丰登。

迎春巷在明代叫作含光坊，清代这里有疯癫洞和会真庵两座寺庙。其中，疯癫洞里住着疯癫和尚，疯癫和尚出生于甘肃，十八岁休掉妻子出了家，法号疯癫。后半生游荡于西安，常常醉醺醺的，无论到哪里，看见酒家就进去，看见有娶亲的宴席不请自到，喝醉了就睡在街上。尤其令人不可思议的是，逛窑子是他最大的爱好。有一次在妓院玩了半夜，次日竟然穿上妓女的红袜子坐在闹市。就因为这诸多离奇的故事，许多人称他为“疯癫和尚”。他常常帮助穷人，济世怜民，康熙四十九年圆寂。新中国成立前，迎春巷的老百姓把他叫作风火爷。

1961年，中国遭受三年自然灾害，加上当时中国和苏联的关系出现裂痕，无论是政治上、经济上还是军事上，都面临很大的压力和严峻的考验。毛泽东在那年冬天填了一首《卜算子 · 咏梅》的词："风雨送春归，飞雪迎春到。已是悬崖百丈冰，犹有花枝俏。"把梅花比喻成春天的使者，向世界表明：冬天已经来临，春天还会远吗？ 1966年，把西安城西城墙以内的一条街道改名为"迎春巷"，就取自于毛泽东《咏梅》这首词中的"飞雪迎春到"这一句。

今天的迎春巷南起顺城南路，西至南马道巷，东至南油巷，呈"T"字形，长539米，宽3.5米。走在这条并不宽敞的路上，季节的齿轮不会为谁而停留。而迎春巷，已走过夏日，走过深秋，再挨过寒冬，迎来春天！

童家巷

历史上最惨烈的地震

1556年，华县发生八级强烈地震。此次地震在我国历史记载中是灾害极为严重的一次，死亡人口之多，为古今中外罕见。101个县遭到了地震的破坏，波及陕、甘、宁、晋、豫五省约28万平方公里的区域。由于整个关中一带历代都是政治经济中心，所以人口众多，加上当时救援有限，遭受到的破坏十分严重。地震后不久，明朝统治者鼓励关中百姓继续发展生产，所以，从山西省洪洞县“大槐树”附近招集了大量的百姓，迁徙到关中各个县市。其中，有姓童的人家正好迁到今天西安城北，在这里定居繁衍，发展农业，后人就把这条巷子称为童家巷，一直沿用至今。

在唐代，童家巷所在的位置正对着大明宫丹凤门，所以对应的街道叫作丹凤门大街。童家巷南段所在的位置在隋唐年间叫作翊善坊，翊善坊里住着唐玄宗时期的骠骑大将军杨思勖，左龙武军将军李忠义，等等。在这里居住过的最为有名的是唐玄宗身边的红人高力士，他刚开始受到女皇帝武则天的赏识，在唐玄宗年间，其地位达到顶点。由于曾助唐玄宗平定韦皇后和太平公主之乱，深得玄宗信任，官至骠骑大将军。高力士一生忠心耿耿，与唐玄宗不离不弃，被誉为“千古贤宦第一人”。他曾在这里修建了一座寺庙，取名为保寿寺，并宴请文武百官，当时，朝中几乎所有的官员都聚集一堂，高力士的地位可见一斑。而丹凤门大街随着唐朝末年的战乱与城市的改造消失在历史的长河中。

如今的童家巷和西安大部分街巷不同，呈一个弯曲不规则的形状，就如同他的历史，也曾风光一时，也曾寂寞无闻。

光明巷

初见倾心，再见光明

签事官是古代的一种官职，在各地方做幕僚，主要是协助处理地方政府的一些政务、文案的工作。从宋朝开始创建，清朝末年废除。明孝宗年间，南起庙后街东段，北至教场门的街道里住着一位姓郭的签事官。当时，这条巷子里的郭签事官是负责办学校的工作，所以，当时这条巷子叫作“郭签事官巷”。1966年，改名为光明巷，沿用至今。

光明巷曾有刘文伯的旧宅，他十八岁参加辛亥革命，曾做过杨虎城的部下。1926年，刘镇华围困西安，刘文伯作为杨虎城和李虎臣的手下，与“镇嵩军”展开决战，历时八个月，在国民联军的协助下取得最后的胜利。新中国成立后，刘文伯担任过西安市人民代表大会代表、市人民委员会委员等职。

抗日战争期间，西安作为西北军事重地和大后方的重要基地，是日军飞机轰炸的重点目标之一。1937年，日本发动全面侵华战争后，就有飞机频频飞临西安上空，从事侦察活动。11月就开始轰炸西安。此后的七年间，日机共轰炸西安145次，出动飞机1106架次，投弹3440枚。日机频繁袭击，狂轰滥炸，给西安人民造成了极大的灾难。如今，许多当时被炸的老建筑都没有了，光明巷45号院的后墙上面的坑洞是日军炸弹碎片飞溅的残存痕迹。同时，被炸毁的还有墙后的一间老屋，砖墙上挂着一块不大的牌匾，上面刻着：1938年11月2日，日本飞机轰炸西安遗址 。遗址保留下了当时建筑受毁的原样，向今天的人们诉说着那段充满伤痛的历史。

如今的光明巷早已不再宁静，小吃琳琅满目。巷子越来越老，把世间繁华，当作手中流沙，不舍逝去，只是这烟火红尘里的惊鸿相遇，初见倾心，再见光明。

举院巷

明朝的高考

明朝实行四级考试制度，即院试、乡试、会试和殿试。考生参加县试和府试及格者称为“童生”。然后参加省级所在的地方书院考试，考过了称为“秀才”，秀才有参加乡试的资格。乡试三年一次，由皇帝派主考官主持，在秋天举行，乡试考中的称“举人”，第一名叫作“解元”。乡试后的第二年，举人在京城举行会试，考中的称“贡生”，第一名称作“会元”。

这些大浪淘沙的考生最后接受皇帝的亲自考核，叫作殿试。殿试分三甲出榜，考中的都叫“进士”，第一名就是我们熟知的“状元”，第二名称“榜眼”，第三名叫“探花”。

如果在乡试、会试、殿试中都获得第一名，就产生了一个成语“连中三元”。据统计，在我国古代科举制度实行的一千三百多年中，连中三元的只有十七人。

明清时期，在各省会都有会试考场。陕西的位于今儿童公园东侧，长424米的东举院巷和长331米的西举院巷，就是科举考试的贡院，古代给皇帝礼品都叫进贡，而给皇帝进贡人才的地方叫作贡院。来举院巷参加会试的都是举人，进考场前，这些读书人必经贡院正门前广场，也就是贡院门。贡院占地很广，今西举院巷大部分地方都位于其正门外、南墙下，是当时贡院门的一部分。所以，当时西举院巷整条街道也被泛称为“贡院门”或“举院门”。

明朝严打考生作弊，负责监考的人员每场都要进行搜检，防止夹带。如果考生被搜检出作弊资料，会被立即揪出考场，取消考试资格。情节严重者还要关进大牢受审，特别严重者直接处死。公元1397年，因录取考生地区分布不均匀，朱元璋就曾经处死了一批考官，很多学子吓得不敢参加考试了。

随着科举制度的废除，贡院逐渐消失，而两条小巷至今仍保留着它最初举院巷的名字，也保留了那个时代学而优则仕的追求，先天下之忧而忧的态度，修身齐家治国平天下的人生信仰。

化觉巷

『觉省化育』还是『土路滑脚』

相传在清康熙年间，关中大旱，饥荒四起。其时是穆斯林的斋月，一些地方官吏不了解穆斯林的习俗，把穆斯林叫人封斋的梆子声，误认为是闹事的信号，立即上报朝廷。朝廷详细了解了穆斯林的生活习俗后，下了一道圣旨，意思是，“受过觉省化育之恩的人，是绝对不会因天灾滋事”。于是后人便从“觉省化育”中取“化觉”二字，作为回坊鼓楼的西北方巷子的名字，并沿用至今。

隋唐年间，化觉巷所在的位置是皇城的尚书省，尚书省属于当时国家最高行政机构之一。尚书省下面包含着我们熟悉的兵部、吏部、户部等机构。唐朝刚建立的时候，阿拉伯人和波斯人中信仰伊斯兰教的信徒就在长安城定居。后来安史之乱，阿拉伯人和波斯人帮助唐朝平乱，再加上一些商人在唐朝经商，他们逐渐形成了聚集区。明、清两朝政府更是在城里单独留出很大一片区域，让这些人世代定居。

化觉巷这个名字的来历还有两种说法。相传，过去这里的街道都是土路，一到下雨天到处都是水和泥，一不小心就滑倒了，于是百姓就戏称这里为“滑脚巷”，后来演变成了雅致的名字化觉巷。另一种说法是公元742年，这里修建了清真寺，历经明、清两朝几次重修和扩建，变得规模宏大，当时叫作花角寺，所以，清朝这里对应的街道叫作“花角巷”。到了民国时期，这座寺庙改为化觉寺，意思是感化、感悟，所以有了化觉巷。

如今的化觉巷穿插在西羊市、北院门之中，部分地方还能看到以前高墙上华丽的砖雕。所谓天地之化育，明哲需要觉心。一条小巷，历经数百年的风云变幻，风姿如故。

草 滩

"草长莺飞，灵且美"

村

The Chang'an story

乡下聚居的处所叫作“村”，西安的村是所有地名中历史最悠久的。从西周到秦汉，到隋唐、明清，由于西安的这些村主要散布在城市周边，所以消亡的几率较小，很多村子都保存了下来。

祝村

延续了三千年的村子

商朝末年，纣王把九侯的女儿纳入后宫。九侯的女儿不愿意和纣王过骄奢淫逸的生活，纣王就把她杀了，把九侯也剁成肉酱。当时，有个叫鄂侯的诸侯和纣王争辩了几句，被做成肉干。西伯侯姬昌听说了这件事，叹了口气，被崇侯虎知道了，崇侯虎跑去给纣王告密，说西伯侯和九侯是一路的，崇侯虎就成为中国历史上第一个打小报告的人。纣王把西伯侯囚禁在羑（yǒu）里，羑里就是今天河南省安阳市汤阴县北4.5公里的羑里城遗址，羑里也成为中国历史上第一个有史可查的正式监狱。

当时，西岐文武大臣想尽各种办法营救西伯侯。西伯侯的长子伯邑考亲自到朝歌劝说纣王，因为相貌英俊，被纣王的宠妃妲己看上，但伯邑考严词拒绝，惹怒了妲己，妲己向纣王进谗言，纣王杀掉伯邑考，并做成肉饼送给西伯侯吃，西伯侯悲痛万分。后来，西岐的大臣将许多黄金、美女、马匹送给纣王，才将西伯侯救了出来。回来的路上，西岐文武官员在长安城南迎接，祝贺西伯侯回归，就把这里叫作祝村，意思是，群臣祝贺西伯侯大难不死。后来西伯侯励精图治，请姜子牙出山，成为历史上著名的周文王。

周文王感慨当年被纣王囚禁死里逃生的经历，通过易经演算出祝村这里是一块风水宝地，所以下令他死后将其葬在这里，并把这里作为周朝的皇室墓群。因为周朝的墓葬没有封土，所以至今没有发现周文王的陵墓。不过，在祝村曾发现过一块墓志，长72厘米，墓主人叫作阎庄，是武则天长子李弘家的总管，也就是唐代著名画家阎立本的侄子。清朝这里叫作祝村，后来祝村分为东、西、中三个村子。新中国成立后叫作祝村乡，1996年改为祝村，一直沿用至今。

大白杨村

最早的导航

西汉和唐朝生活在同一座城市，因为相隔约六百年，互相未曾谋面，但是二环北路有一处叫作大白杨村的地方，却是汉、唐长安城中间的纽带。

相传在周朝，这里是一大片树林，飞禽走兽遍布其中，有一些猎户住在这里。东周国君周显王酷爱狩猎，某一天，他非常想念西周的故地丰镐，择良辰吉日，从洛阳浩浩荡荡来到陕西，在今天西安市二环北路的树林里狩猎。周显王兴致很高，从早上一直打猎到黄昏，突然天色骤变，雷声轰隆，下起了瓢泼大雨。周显王带着下属在树林里四处避雨，忘记了来时的路，迷失在茫茫的树林中。一行人十分着急。就在此刻，一位心思缜密的大臣站出来，说道："刚才我们走进树林时，有一棵很大的白杨树，虽然雨很大，但这棵树南侧受到太阳常年照射，所以应该比较干燥，而树的北面相对比较湿润，如果我们仔细观察白杨树，就可以辨别东西南北。"周显王觉得他说得非常有道理，找到这棵白杨树，分辨出方位，走出了这片树林。后来，周显王为了感谢在迷途中救出自己的白杨树，下令在此地修建了一座庙宇，派人守护这座庙宇和这棵白杨树。一直到明朝永乐年间，这里才正式被定名为“大白杨村”。村民广泛种植杨树，清朝嘉庆年间，细分为大白杨、小白杨、西杨村三处地名。

白杨树是一种很普通的乔木，但生存能力极强，在路边，在田野，有黄土的地方，就有白杨树的影子，它不追求雨水，不贪恋阳光。大白杨村两千多年的历史从东周延续至今，朴实无华，在很多人眼中，几乎被忘却，但对于贫瘠的土地来说，它就是不朽的生命，是历史的见证。

三爻村

三个说法一座村

民国二十三年，蓝田牛才子来到东三爻村会友，临走时行至汉口街，留下一句“这条路不会长久，要改道了”。当时汉口街一派繁荣，村民将信将疑。但是，果然不出其所料，民国二十五年前后，长安南路改道，绕经村西杨武庄公茔西侧而过，汉口街从此退出历史，东三爻村的位置也就变成了长安南路东侧。

隋朝大兴城是按照《易经》六爻来设计的，刚好与西安城的六道高坡相对应。三爻村这里是长安六原中的第三道高坡，叫作少陵原。于是，少陵原上面的村庄也就被命名为“三爻”村。此外，这里的来历还有一种说法。因为少陵原比周边高出很多，所以，老百姓也将它俗称为山岳，而“三爻村”就是“山岳村”的谐音。

第三种说法，元军攻打襄阳，遭到南宋军民顽强抵抗，双方相持五年，关键时刻，杨子江向元世祖忽必烈推荐“巨石炮”，元军利用如此先进的武器，强力攻城，不久，襄阳城被攻陷。杨子江因为献炮有功，被封为元帅，死后葬在三爻村，并且立有祠堂，详细说明了杨家族谱，杨子江与四个儿子的战功。因为杨子江是咸阳三原人，因此，村子就依照他的籍贯，被称作“三原村”，最后又谐音为“三爻村”。

西安围城时，刘镇华的军队与杨虎城、李虎臣激战，由于无法攻破西安城，刘镇华索性把城南成熟的麦子全部烧掉，让西安城内严重缺粮。同时把城南各村的木料强行征收，用于军中烧火做饭。一些古树被砍伐，寺庙被拆除。当时，在东三爻村流传着这样的话：“刘镇华，你把百姓害得扎。火烧麦子心毒辣，把你逮住油锅炸。”

中国人认为易经是哲学的高峰，趋之者若鹜。有人推算其卜卦算命，有人研究它的哲学理论。而在这里，天以阴阳而化生万物，地名借易经道出历史。

北张村

『网开一面』来源于此

汉武帝的业余爱好是打猎。由于长安城沣河周边的奇珍异兽比较多，这一带自然就变成了皇家狩猎场。汉武帝是一个讲究可持续发展的人，每次打猎时，他都会从东西南北四个角铺开一张大网，将猎物网在中间，并在南边或者北边留下一道缺口，如果有动物从这个缺口跑出去的话，他就放它们一马。“网开一面”这则成语就出自于这个地方。又因为汉武帝把捕猎的网张开了一个大口，于是，也就有了南张和北张这两个地名。

北张这个地方在明朝时期形成了村子，甚至在当时还修建了城墙、城楼、城门，以及护城河，一应俱全，看起来就像是一座城堡，新中国成立以后被拆除。

北张以造纸业出名。这里处于秦岭山脚，树木丛生，造纸所需的原材料丰富，临近的沣河水方便浸泡、发酵、打浆等工序。出一张纸，要经过十道大工序，七十二道小工序，这种古老的技术传承了一千多年。新中国成立前后，全村均将造纸作为副业，当地至今还流传着“仓颉字，雷公碗，沣水纸，水漂帘”的歌谣。北张村很流行唱戏，每逢赶集、过节等重要日子的来临，很多人都会赶到戏台听戏。对于老一辈的人来说，听戏就是当时最时尚最流行的活动。

作为把控秦岭的军事要塞，史书记载，唐太宗还曾派大将李靖在此驻守，可见对这里的重视程度。“网开一面”是汉武帝狩猎时的可持续发展，传统造纸是北张村对于文化的延续。如今重走北张村，传说仍在，只是面目全非，叹一句，当时只道是寻常！

吉祥村

村叫吉祥，起于盛唐

吉祥二字的组合使用，最早见于《庄子·人间世》："虚室生白，吉祥止止。"在战国时期被普遍使用，到了唐朝以后，吉祥变成祝福语，后来由文字转变成吉祥图案。西安城含光路上，有一处村子也以吉祥命名。吉祥村的名字来源于明朝嘉靖年间，最初的名字叫作吉家村，到了清朝同治年间改名为吉祥堡，后来演变成吉祥村。

唐朝初年，李世民将自己的第八个儿子李贞的王府修建在吉祥村一带。李贞少年时很有才干，文武双全，后来武则天上台，大肆铲除李氏皇族，李贞联络其他几个李姓皇族起兵造反，在与武则天的军队作战时落败，服毒自尽。而这座王府后来又成为唐中宗的女儿新都公主的宅院。到了明朝，明代宗朱祁钰在太监的鼓动下想要修建寺庙，并且拜僧人为师父。忠臣姚显让明代宗吸取梁武帝的教训，其他大臣也相继上书支持姚显，明代宗因此打消了这个念头。姚显为官廉洁，刚正不阿，历史记载曾三次上书皇帝，为国家社稷殚精竭虑。后来回到西安，与关中部分学者一起讲学，死后埋葬在今天的吉祥村北。1914年，袁世凯公然废弃《中华民国临时约法》，为当皇帝做准备。于是，全国声讨袁世凯，护法战争开始，陕西爱国将领张义安的军队曾经就在吉祥村驻扎。

在吉祥村内，有郑、刘、张等十五个姓氏，村民最津津乐道的是这里走出了一批书画家，在村子的历史上，可谓文武双全。今天的吉祥村处于西安繁华地段。也许你某一天会路过这里，也许正在这里闯荡。村叫吉祥，起于盛唐，明清修饰了它的模样，一砖一瓦的纹脉里，承载了千年的过往。

马腾空村

骏马腾空，神鹿造访

在古代，“马”的用途很广，为六畜之首。它不仅代表的是交通工具，十二生肖也榜上有名。在象棋中卧槽马、马后炮是常见杀招儿。鹿在古代被视为神物，是健康的代表，神话里的寿星以鹿为坐骑；鹿又是权力的代表，所以有了“逐鹿中原”和“鹿死谁手”等成语。当骏马遇上神鹿，一个叫作马腾空的村子便诞生了。

马腾空村东临浐河，西接长鸣路。有传说称，之所以得名“马腾空”，是因为这里原来是唐朝时期的皇家狩猎场。唐太宗李世民在一次打猎时，偶遇一头神鹿，他所骑的马腾空而起，李世民跌落马下，后来该地就叫马腾空。也有人说，曾有一次，唐太宗出征行至此地，所骑白马双脚腾空，像神龙在呼啸，后来，战争大获全胜，唐太宗归来以后就给这里赐名为“马腾空”。据说，昭陵六骏中有一个造型就取自这里。其实，这里叫“马腾空”是后来演绎的结果。这里本名马头原，完全是因为地形像马头而得名。到了隋唐时期，开始称马头空，或者马头埪，直到清末才演变成马腾空。近年，在这里发现了距今4 000-4 500年的龙山客庄文化遗址，真可谓是千古文明沉积之地！

在马腾空村有一座建于唐贞观年间的白雀寺。相传，有一位王子身患重病，他的妹妹白雀公主为救他而死，葬在了宝塔之下。为了纪念她，将宝塔命名为白雀寺。白雀寺自建立以来，多次遭受战争毁坏，但是，百姓一次次将其修复，并且从未中止过祭拜。

如今的马腾空传说依旧，骏马腾空不再。而在马腾空桥上穿过的我们，每天都在上演新的戏剧。假如传说可以解释，故事可以重新安排，是否还能如此精彩？

六村堡

汉朝的经济中心

西安方言把有城墙的集镇叫作堡（bǔ）。带有“堡”的地名一般来源于宋、明以后。六村堡的历史最早可以追溯到汉朝。由于汉长安城所在的位置在西安的西北，所以，六村堡和汉长安城密不可分。这里曾是大汉王朝的西市，往来商贩众多，属于经济活动中心。汉武帝年间，张骞从这里出发离开长安，出使西域，途中被匈奴关押十年，后来回到长安城，将西域的风土人情一并汇报给了汉武帝。后来，张骞第二次出使西域，让这条通道成为连接中西文化的丝绸之路。

六村堡的东边是汉长安城的东市，汉景帝刘启的老师御史大夫晁错提出削除诸侯王的爵位，引起了诸侯王的不满，以吴王刘濞为首的七王之乱爆发。汉景帝为了平息战乱，在六村堡的东边，汉长安城的东市腰斩了晁错。到了南北朝时期，北魏孝文帝定都长安，将六村堡西边汉朝的雍门改名为阳午门，在阳午门这里向天下百姓发出通告，征集大家对朝廷的意见，老百姓可以直接上书指出西魏政权的过失。隋朝建立以后，把阳午门改名为元武门。唐朝的时候，将西安城北修建成禁苑，这里成为禁苑西边偏北的一道门。

唐朝以后这里形成村子。到了清朝嘉庆年间，阎家堡、田家堡、相家村、田家巷、唐村、王家巷六家合并在一起，得名为六村堡。至此，六村堡的名字经过汉长安城的政治经济中心，到隋、唐长安城皇家园林的大门，再到村子的名字，一波三折。

我们熟悉的六村堡或许是一座立交桥，或许是一处收费站。如今六村还在，年华不老，但那段尘封的历史早已湮没在无声的岁月中。

安丰村

五代第一猛将

安丰村的历史要追溯到唐朝末年。当时的天下，分崩离析，军阀割据，农民起义。而当时唐朝的一位将领李克用登上历史舞台，举起了反唐的旗帜。李克用在今天的户县收养了一个养子叫作李存孝，他也是李克用众多养子中的一个。因有十三位养子，故这些养子被称为“十三太保”，李存孝是十三太保中最出名的一个。古人言“王不过项，将不过李。”项，指的是西楚霸王项羽；李，指的就是李存孝。此人力大无穷，武功高强，为创立后唐天下立有丰功。他打仗时攻无不克，战无不胜，是唐末五代第一猛将，人称飞虎将军。野史中曾说，李存孝引领十八骑就能攻取长安。因为战功显赫，李克用封李存孝为安丰侯，他的封地在长安城南，所以长安城南后来就有安丰村。

后来李存孝得知李克用自立为皇帝，加上李克用手下党争不断，李存孝便脱离了李克用。李克用恼羞成怒，率军讨伐，李存孝只是一介武夫，论谋略远不及李克用，李克用略施小计活捉了李存孝，一代名将李存孝死于太原。李克用既痛惜李存孝的将才，又憎恨别人背叛自己，怅然若有所失，十几天不理政事。后来，李克用每每谈起李存孝，都流泪不止。长安城南再没有安丰侯，而后经过时间推移形成村子，以李存孝封号命名为安丰村。

每个朝代都有时代的英雄，每个人心中也都有自己崇拜的英雄，不同时期的英雄有不同的标准。但就威猛这一方面来说，李存孝应是当之无愧的。五代残唐可谓不见名臣理朝政，只闻勇将争剑锋，而让我们更加唏嘘的是，当年的安丰侯，如今的安丰村，传说依然，历史依然。真是：自古名将如红颜，不许人间见白头。

草滩

流年似渭水，梦回未央边

草滩曾是渭河距西安城最近的地方。据《草滩街道志》记载，在明朝建国之初，为了将煤炭方便地运到长安，解决西安的燃煤问题，在今天的草滩街道以南的草店村，设立了渭河码头，这个码头是草滩地区最早的码头。到了清乾隆年间，由于一次特大洪水，渭河河床向北移动了两公里，原来的古河道暴露出来，形成了一块“鸡心滩”，这里人烟稀少，荒草丛生，茂密的蒲草比人还高，因此得名“草滩”。原来草店村的码头已不再适用于新的河道，码头只能向北移动到鸡心滩，也就是现在草滩镇的位置。

清朝乾隆十五年，草滩镇经历了一次更名，当时建成了“草店炭码头镇”。清嘉庆年间，改名为“草炭镇”。清末陕甘总督左宗棠率军在此，离开时，渭水再次北移，淹没了他们曾驻军的地方，从而荒草遍地，故改名为草滩。

民国初年，草滩码头已是繁忙一片。草滩古镇的兴起，与码头和航运密切相关。交通便利也使这里聚集了许多的外地人。除了商人之外，草滩的外地人还是主要从各地逃荒而来的。这些人来到西安，在人口稠密的地方难找落脚之地，便来到这块人迹罕至的荒滩开垦，也就是现在的柳树林。1936年，陇海铁路修通，草滩镇逐渐失去原来的意义。

如今的草滩镇，已从当年的渭河古渡变成西安北部大学城，陕西科技大学、西安工业大学、西安医学院先后迁入。流年似渭水，梦回未央边，看草滩映衬月圆。

玉丰村

朝衣东市来源于此

玉丰村的地理位置是汉长安城东边的宣平门。宣平门当时是重要的进出通道。西汉第九位皇帝刘贺就是从此门进入长安，当了28天皇帝，做了一千多件坏事被废黜的；西汉末年的赤眉军也是从这里进入长安城；东汉末年，王允、吕布杀了董卓，有人建议王允赦免董卓手下西凉军阀李傕、郭汜的罪，被掌权的王允拒绝。李傕、郭汜带着西凉军马杀回长安，在宣平门，王允被西凉军阀所杀。后来宣平门的名字一再被改，因为此门对着古代临潼玉女山，又叫作玉女门。明朝的时候，玉女门形成村子，叫作玉女村，后来演变成玉丰村。

玉丰村最为有名的当属朝衣东市这个故事。刘邦建立西汉王朝，分封了很多诸侯王。这些诸侯王起初是为了保卫刘家的政权，但是后来拥兵自重，成为中央集权必须解决的问题。汉景帝年间，大臣晁错上书，请皇帝削减诸侯王的各种权力，汉景帝同意。没想到，以吴王刘濞为首的七个国家开始叛乱，他们打着“清君侧”的旗号，意思是皇帝身边有小人，要清除。叛军声势浩大，汉景帝一时没有办法，只有暂时先杀晁错以缓解局势。晁错当天穿着皇帝赐给他的朝服，在汉长安城的东市被斩。汉长安城东市就在今天的玉丰村，之所以选在这里，是因为这里外地商人很多，很容易将信息传到东方各地区，让叛军没了借口。后人将这件事归纳为“朝衣东市”这个典故。

如今的玉丰村是一处再普通不过的地名，昔日汉长安城的恢宏、历史纷扰只剩下乱世之歌，繁华落尽却再无人相和。

瓜洲村

两三星火是瓜洲

瓜洲是江苏省扬州市的一个历史文化名镇，久负盛名。诗人白居易曾写道："泗水流，汴水流，流到瓜洲古渡头。"唐代高僧鉴真从这里起航东渡日本，民间传说，杜十娘怒沉百宝箱的故事就发生在这里。而长安城南也有一处名字相同的村子，叫作瓜洲村。

这还要从杜佑说起。杜佑是长安人，唐代中期从地方参军做起，后来被调回长安，掌管国家经费，因为公然指出朝廷的问题，所以五十五岁的时候下派到淮南做节度使，在这里一做就是十五年，深受百姓爱戴。晚年的杜佑回到故乡长安，时常想起当年在淮南做官的故事，同样让他无法割舍的还有瓜洲古渡，于是，把自己居住的地方起名为"瓜洲"。后来就把村子的名字叫作瓜洲村。

作为一名政治家，杜佑做出了杰出贡献。令人赞叹的是，他的子孙大多也是栋梁之材。他的孙子，晚唐著名诗人杜牧就出生在瓜洲村。杜牧的童年生活富裕，祖父亲自传授学问。后来杜家衰落，杜牧二十六岁考中进士，当时的唐王朝已经日落西山，内忧外患，纵然杜牧有治国的才能，也很难得到重用，朝廷只是派他去江西、淮南等节度使去做幕僚。杜牧自己将一腔热血表现在诗歌和散文中。晚年的杜牧回到长安，将自己所写的一千多首诗进行修改和检查，对于质量不高的作品全部烧毁，留下四百多篇流传后世。由于受到杜佑、杜牧等文化气息的熏陶，瓜洲村走出过不少文化名人，最具代表性的当属参加过辛亥革命的郑伯奇，他与鲁迅、茅盾等人在上海成立中国左翼作家联盟，在中国近现代史上很有名气。

如今瓜洲村旁边的大学城延续了文化的基因，村子面貌一新，充满生机。有道是："潮落夜江斜月里，两三星火是瓜洲。"

马家寨

董卓葬身之地

战国时期，赵国大将赵奢多次立下战功，赵国国君感谢他为国家做出的贡献，赐给赵奢“马服君”的称号。后来，赵国被秦国灭了，赵奢的子孙就以“马服”作为姓氏，经过时间的推移，马服逐渐变成马，这就是马这个姓氏的其中一个来源，马姓也成为百家姓中的大姓。后来这些姓马之人在全国各地聚集，当然也蔓延到了西安。明朝的时候，西安城东西南北共有四个马寨，马寨通常以统领的姓氏命名，但后来兵寨和马寨随着时代的更替都没有了，这里聚集了很多居民，根据姓氏和马寨的功能，得名为马家寨。

马家寨所在的位置是汉长安城遗址，南边就是汉长安城南墙西门，叫作西安门，西安门也是未央宫的正门。东汉末年，董卓挟持汉献帝从洛阳来到长安。在长安城，董卓纵兵烧杀抢掠，排除异己，甚至公然废黜皇帝，把陈留王推上皇位，就是汉献帝。朝中大臣一片哗然，有不服者带兵讨伐，都被打退。司徒王允拉拢董卓的贴身侍卫吕布想暗杀董卓，吕布本来和董卓关系很好，但是因为和董卓的一个丫鬟私通（野史上说，是王允让貂蝉布下了美人计），让二人反目成仇。这个时候，董卓的势力越来越大，有人通知董卓说，汉献帝愿意禅让皇位，让他去未央宫做皇帝，董卓带着随从来到西安门的时候，遭到袭击，西安门也就是后来的马家寨见证了一代枭雄被杀。

如今的马家寨已经拆除，剩下的是被保护起来的汉长安城遗址，昔日的兵寨和宫殿都变成平地，时间慢慢地走到今天，一回眸，净是世事变迁。

庞留井村

明朝的九井十八寨

明朝三百多年间，共有十三位明藩王及数十位郡王驻守西安，死后埋在西安。他们的陵墓聚集在东起鸣犊西至三爻一带的少陵原、凤栖塬上。当年各陵墓建筑宏伟，讲究“视死如生”，陵前殿堂楼阁竞相错落，形成完整的皇家陵园。

明藩王出生后两岁开始，就修建陵墓，修好后只留一个天井。因为王爷还活着，为了避讳叫陵墓，就根据它的形状称为“井”，王爷死后安葬才封住“井”口。由于是皇家陵园，当年每个陵都有两队卫兵把守，防止有人破坏盗取陵墓。时间长了，这些守陵的卫兵就在当地住下，并世代传承，形成村子，就有了“九井十八寨，个个有由来”的说法。这里的村子名称要么带一个“井”字，要么带一个“寨”字，就包括简王井、康王井、庞留井、甘寨、查家寨、常旗寨、南高寨等。还有另一种说法，因为高大的陵墓形状像“鼎”，所以当地人就以“鼎”称之，然而，长安的方言中“鼎”读“井”音，所以，临近王陵的村落多以“井”命名。

例如，庞留井村，他们守的是第六代明秦藩王朱公锡和惠王妃王氏墓，清朝嘉庆年间记载为惠王井。当时，东边有庞姓和刘姓聚集，庞留井村的墓主人朱公锡在位二十八年，历史上评价他很贤能，而他的守陵人同样给力。因为在少陵原上，汉朝和明朝的帝王将相的墓至少有几百座，现在有名有姓还有封土的不到二十座，只有在庞留井的明秦惠王墓前的石像、石碑，保存基本完好。多年前，有人或以买卖或以保护石像为由，以高价购买墓前的石像，全村百姓集体出面拦截，使得文物保存至今，继续延续着他们的信念和传统。

南张家庄

王子历险记

南张家庄位于长缨东路以南，万年路以北，这里曾上演了一段王子历险记。明朝末年，起义军李自成兵锋所至，大明王朝江山尽失，后来清军入关，成为最终的统治者。当时明朝一些藩王散落在各地，继续与清军展开周旋。清朝统治者为了防止明朝后裔反扑，清朝对于朱姓皇室后裔和前朝的官员，一律采取杀无赦的措施。因此，很多明朝皇室后裔要么流亡各地，要么隐姓埋名。

当时，西安秦藩王的后裔有一人带着妻儿逃走，清朝的军队穷追不舍，当他们逃到西安城东的时候，正好遇见几个农夫在地里收割麦子，这对夫妇慌忙之中将孩子交给农夫，乞求对方保全孩子的性命，同时赠送农夫很多金银珠宝，并承诺他如果他们夫妇能够回来，再报答恩情，说完便匆匆离开。这个姓朱的孩子慢慢长大，靠着父母留下的金银珠宝发家致富。因为农夫姓张，所以这个孩子也改姓张，但是他的父母却一直没有回来。张家不断壮大，形成一个村子，取名为张家庄，因为在北边还有一个村子，所以这里称为南张家庄村。

在清朝时期，南张家庄所处的地理位置十分重要，往西可以直接进西安城，往东又是到河南、山西的必经之路。很多来往的商贩都从这里经过，让这里的商业十分发达，促进了当时的经济流通。

如今的南张家庄经过几百年的演变，村子周围高楼林立，南有全国闻名的西北轻工市场、城东客运站、万年饭店等单位；东有胡家庙批发市场；西临西京医院。那个朱姓的皇家孩子早已消散在历史的长河中。有道是："清兵烽烟灭朱门，农夫人家抚孤根。人生回味一壶酒，百年留有城中村。"

崔家庄

唐太宗地府大冒险

在我们的神话故事里把世界万物都分为三界，幽冥界一直是个神秘的地方。那里有十殿阎罗，有我们熟悉的黑白无常、牛头马面，还有黄泉路、孟婆汤、奈何桥这些充满奇幻的故事。在今天西北政法大学长安校区东边，西长安街旁，有两处村子分别叫作西崔家庄和东崔家庄，这两处村子和地府里负责审判所有鬼魂的官员崔府君有莫大的关系。

崔家庄的这个村子起源于隋、唐时期。相传，这里是崔珏的故乡，所以得名崔家庄。崔珏是道教神仙之一，传说他的父亲到了很大的年纪也没有子嗣，就到南岳衡山去求神烧香。一天晚上，来了几个年轻人，给他一个箱子，崔老打开一看，有两块玉在里面，所以就给后来出生的孩子取名为崔珏，珏的意思就是合在一起的两块玉。崔珏从小就非常聪明，后来做了县官，把地方治理得很好，死后做了阴曹地府的判官。《西游记》第十回讲道，唐太宗得了重病，感觉命不久矣，魏征前来觐见，让唐太宗不要害怕，因为魏征和地府的判官崔府君生前有八拜之交，太宗到了地府，把魏征的亲笔书信给了崔府君，崔府君不仅将唐太宗放了，还给他加了二十年阳寿。

崔府君的名声从宋朝开始不断被拔高。宋仁宗年间，封崔府君为护国显应公。宋真宗年间，赐崔府君庙。尤其是宋高宗时，有所谓“泥马渡康王”的传说，使崔府君的名声更高。相传北宋末年，当时的康王赵构被押送到金国做人质，赵构途中逃脱，金兵一路追击，到了一条河边，康王所骑的骏马飞奔入河，河对面就是一座崔府君庙，赵构拜过崔府君，出门一看，他所骑的那匹马已然变成了一堆泥土。后来，赵构做了南宋的开国皇帝，对崔府君推崇备至。

崔家庄因为崔珏的故事在明清时期形成村庄。后来，长安区政府设定名字为崔家庄乡，以纪念这位神话里的重要人物。所谓崔珏在任，济世佑民，保国护驾，深受百姓爱戴。

李家村

一千三百年前陈子昂的炒作

今天西安城雁塔北路上李家村一带在唐代属于宣阳坊，当时的宣阳坊可谓是热闹非凡。唐朝初年著名宰相马周便住在此处，诗人陈子昂也住在这里。说起陈子昂，我们会脱口而出他的“前不见古人，后不见来者”的诗句，也知道“初唐四杰”的大名。

陈子昂的人生十分坎坷。早年他在长安城混迹十年，默默无闻。第二次考试不中后，独自徘徊在大唐东市，东市的繁华和诗人的落魄形成强烈的反差。东市上有一人出售一把古琴，标价高得离谱，引来众人围观。陈子昂挤进人群，出高价买下这把琴，并告诉大家，明天会在自己的家宣阳坊（今天李家村一带）请大家吃饭，一起欣赏这把价值连城的古琴的声音。第二天，长安城很多文人雅士都来到陈子昂的家，陈子昂一边抚琴一边感慨：我自己文采出众，不为人知，却只能靠炒作来宣传自己。说完把琴摔碎了，现场的人一片哗然。陈子昂不紧不慢地给到场的所有人发放自己写的诗，一时间，长安城文人雅士争相诵读陈子昂的诗句，并传为佳话，陈子昂一夜成名。

而真正让李家村的前身宣阳坊火起来的是太平公主。当年，武则天的女儿太平公主嫁给薛绍，她的婚宴就在这里举办。唐代中期，右羽林军大将军高仙芝落户于此。后来杨贵妃的姐姐虢国夫人也将住宅选在这里，他的邻居就是当时权倾朝野的宰相杨国忠。

斗转星移，昔日显赫一时的里坊变成村庄。有人说，李白曾住于此，所以叫李家村。也有人说，这里姓李的人多，故而得名。新中国成立后，村子的名字改为解放大队，后来又改为李家村。20世纪90年代，服装产业在这里兴起，并形成非常繁华的商圈。真可谓："借问故事何处有，众人遥指李家村。"

百花村

『一不做二不休』来源于此

唐长安城中后期的政治中心是大明宫，大明宫以北是唐朝的禁苑，禁苑有一处地名叫作白华殿，这是今天太华路上百花村最早的记载。

唐德宗年间，藩镇割据，各个节度使拥兵自重，对朝廷产生严重的威胁。东北军阀朱滔在幽州造反，朝廷立刻派军队前去镇压，但派出去的军队走到一半也造反了，回头杀向长安，原因是朝廷答应给的军费、粮草都没有兑现。唐德宗惊恐万分，逃出长安。叛军占领长安后，群龙无首。这个时候，他们要找一个有威望的人来主持大局，大家一致认为太尉朱泚最合适，而且朱泚也是幽州造反首领朱滔的哥哥，所以，朱泚就在白华殿自封为皇帝，拜张广晟为副将。

好景不长。仅仅一年后，唐德宗麾下大将李晟带兵讨伐朱泚，逼近长安。李晟出兵渭水，绕道城北的禁苑，直捣黄龙，将朱泚从白华殿赶出长安城，最后朱泚被杀。而他的副将张广晟眼看大势已去，投降于李晟。李晟向皇帝汇报，认为张广晟坦白从宽，罪不至死。但唐德宗坚持要杀掉他，以谢天下。张广晟临死前说："告诉后人，第一莫做，第二莫休！"当时，张广晟的意思是后悔自己投降给唐朝，认为反叛这个事要么不做，做了就索性做到底。因此成语"一不做，二不休"由此而来。

经历了血雨腥风的白华殿也经过了长时间的演变。唐代以后，这座皇家宫殿逐渐被废弃，被用来驻扎地方军队。因为古代"华"与"花"通用，"白"演变成"百"，所以，这里的名字又叫作百花屯，百花寨。后来军队也没有了，变成村子，得名为百花村。世人都说，百花短暂，不过灿烂一瞬，直到村中瓦片与石子路上又长出繁花，我们才知时光已悄然老去一千多年。

千户村

明朝的军事体制

中国历史各个王朝的军事实力保持的时间不等，两宋在军事上一直被后人诟病，秦朝和隋朝都是逞一时之雄，汉、唐两朝军事被人津津乐道，但也都百年而衰。唯有被轻视的大明军队战斗力保持得最久，近三百年。明朝的军费从建国到灭亡，一直都是维持在国库收入的80% 以上。明朝的海军与当时的越南、荷兰、葡萄牙、日本较量，也不处下风。明朝军队善于使用火器，武器在当时世界上也都是非常先进的，所以战力强悍，善于以少胜多。最大的特点是基本不讲和，打得过，要打；打不过，还是打。

朱元璋起义的时候，设置大都督府，由他自己亲自领导，包括任免将领，军队调遣，战争指挥。明朝建立以后，朱元璋将原来的大都督府的工作划归到兵部掌管，在全国各地设置卫所，卫所就相当于现在的军区。当时陕西设有二十八卫，这些卫所的职业军人大多都在本地招募，他们子承父业，世代从军。为了防止将领拥兵自重，遇到战争的时候，由兵部奉皇帝的旨意调兵遣将，从中央去全国的卫所就任，这种方式保证了皇帝对全国军队的控制。而卫所下面，又各自管着五个千户所，千户就是地方军区武官官职，下属一共5 600人，千户所下面又有百户所，百户所下面又有两个总旗。鼎盛时期，全国共有内、外卫547个，所2 563个。整个体系划分得十分详细，这也给后来的地名带来了影响。千户村就是根据当年千户所而得来的，而西安城北凤城十路旁有一处张千户村，也是由于千户所而得名的。

20世纪50年代，为了支援西北建设，东部省份的一些工人迁到西安，在千户村居住，当时的千户村还较为荒凉，后来这里成了陕西钢厂的家属院，密密麻麻全是各地来的家属，放眼望去，也不辜负千户村这个名字。

现在的千户村位于雁塔区东部，东以浐河相隔与灞桥区相望，车来人往。时光追不回远去的笔墨，只是村子装点了长安的历史，我们都成了历史中的痕迹。

施家寨

世代守卫秦王的家族

施家寨的历史要追溯到汉朝。这里属于汉朝的未央宫，到了隋唐时期，这里又是皇家的禁苑。元朝末年，社会矛盾严重，各地起义不断。朱元璋先后击败了各路起义军，推翻元朝的统治，建立了明朝。其中有一位将领叫作施真，表现非常优异。

天下安定后，朱元璋实行了分封制，将二儿子朱樉封到西安做秦王。同时让施真陪同秦王朱樉到西安，作为二王子的贴身护卫，封为“副千户”。副千户是从五品，相当于现在的营长。施真所带的军队平时种田，定期操练，战争的时候需要临时招募。这样，各地军队的开支很大一部分可以自己生产，降低了国家的压力。这些军官实行世袭制度，施真去世后，他的儿子施忠继承了父亲的官职。后来元朝残余的势力仍然在北方骚扰，明朝政府决定派出军队作战，施忠被征调到北方，在和元朝残余势力作战中立下战功，升迁为正千户。战争结束后，施忠回到长安城，继续守卫着秦王府，而施忠所带领的军队就驻扎在西安城西北，并且在此定居，一代一代延续。施家的第六代有一人叫作施彰，施彰娶了第二代秦王的弟弟永兴懿简王朱尚烈的女儿，因为施彰在家族中排行老五，所以又称他为“五驸马”。

明朝以后，军事的千户不复存在，转而形成村子，因为施家很多代人在这里定居，将这里取名为施家寨。如今的施家寨位于汉长安城遗址的中心地带，那些旧时光已经远去，却又在同一个地方相遇，让人相信，这一段相遇便是世人所说的久别重逢。

周家庄

还记得课本上那个周处吗

在一段时期，人教版初中语文课本上有一篇讲周处的文言文。周处年轻时，十分凶残，无恶不作，同时，他的乡里有一条蛟龙，山上有一只猛虎，周处、蛟龙和猛虎一起祸害百姓，人称“三害”。有人说：周处，你这么厉害，可以去和猛虎和蛟龙较量一下。实际上，是让他们三害自相残杀。于是周处上山打猛虎，下河杀蛟龙。大家以为周处死了，相互庆祝。周处回来后才发现，自己之前有多么被人厌恶，想立志做个好人，又担心自己江山易改，本性难移。当时著名的文学家陆云开导他：“朝闻道，夕死可矣！”人最怕没有理想，如果有了理想，未来就有希望。周处听了陆云的话，决定改过自新，开始学习兵法，阅读各种书籍。

周处后来在吴国做官，吴国被西晋灭亡后，周处到西晋做官。他刚正不阿，因此得罪了不少权贵。当时，西安以西有人造反，朝廷派周处去平定叛乱，有人提醒周处，这次去平叛恐怕凶多吉少，可以对皇帝说，家里母亲年事已高，然后推掉这次远征。周处说了一句很有名的话：“忠孝之道，不能两全。”说完后便提刀上马，来到长安。周处的上司想要陷害他，让他带领几千人和对方几万大军决战，而且不给他任何援助。他手下劝他撤退，周处拔出宝剑说道："这是我报效国家献出生命的时刻，为何要撤退？以身殉国，不也是可以的吗？"最后力战而亡。周处死后，家人将他葬在长安城南，为了表扬他有错就改的美德，人们将这座墓叫作"三害冢"。清代这里有人聚集，根据周处的姓氏，把这座村子叫作周家庄，1972年，周处的墓被毁。

有长空，谓之碧落；有大海，谓之沧海。周处年少似虎，而后迷途知返，踏破山河。但终究在长安陨落，只叹此生，忠孝两难全，上穷碧落下黄泉，两处茫茫皆不见。

白鹿原

"且寻白鹿青原间"

其他

The Chang'an story

人们赋予某一特定空间位置上自然或人文地理实体的专有名称叫作地名，这些地名很多代表当时的社会性、时代性。它们不断演变，有的现已成为西安的地标；有的依然默默无闻；有的历史恢宏；有的焕发新的活力。它们的历史是灿烂的，它们的经历又是寂寞的，它们的名字是恒久的，而我们对其背后的故事却知之甚少。

鱼化寨

皇帝的女儿为什么叫公主

周朝的天子把女儿嫁给诸侯，自己是不主持婚礼的，而叫同姓的诸侯来主婚。当时，各诸侯国的诸侯一般称“公”，“主”就是“主婚”之意，因为是“公”来主婚，天子的女儿就被称为“公主”了。相传西周时期，周武王带着他的女儿雨花公主来鱼化寨游玩，雨花公主很喜欢这个地方。于是，身为天子的周武王就在这里为女儿建了一个祭天台。之后，每一年他们都到这里来祭拜天地，因此得名雨花台。此后，周天子还在这里修筑了雨花苑。

秦汉时期，这里是上林苑风景区，唐朝时又变成定昆池风景区。经过时间的演变，雨花这个名字被演绎成“鱼化”，有鲤鱼化成蛟龙的吉祥寓意。所以从唐朝开始，凡是进京考试的学子都要到这里祭拜，希望自己金榜题名，实现鱼跃龙门的愿望。唐朝末年，随着繁华褪去，这里逐渐形成村落，叫作高阳村。

宋朝以后，长安城出于军事防御的考虑，出现了很多屯军的堡寨。而这里也来了一位江苏的梅姓官员，因为他老家的居住地有水有鱼，所以就把当地取名为“鱼化寨”。清朝同治六年，农民起义军捻军首领张宗禹和清军刘松山在鱼化寨交战，捻军击毙对方统领，大获全胜。

历史上有很多公主，但因为公主而得名的街道并不多。雨花的岁月从未远去，公主的青春尚未离别；怎奈何，鱼化寨的历史随风飘散三千年，那楚楚动人的西周公主已随风凋谢。

白鹿原

指鹿为马的来源

西周最后一位国君周幽王十分宠爱自己的妃子褒姒，曾点燃烽火台以求美人一笑。申侯和犬戎合力出兵镐京，西周灭亡了。周幽王的儿子宜臼在外公的支持下继位，史称周平王。丰镐城经此一战后，一片凋敝，加上少数民族犬戎等势力越发强大，周平王决定迁都洛阳。文武百官离开镐京，一路向东。当他们渡过浐水原地休息时，从东南方忽然奔跑出了一头白鹿。大家发现，这一带尚有成群的白鹿，而古汉语中，又把地势平坦高出水面的土地叫作“原”。自此，人们便把浐水与灞河之间的那块地方称为白鹿原。

秦二世年间，宦官赵高把持朝政。他想试探一下朝中有多少人依附他，就故意从白鹿原上抓来了一头麋鹿，献给二世皇帝，并声称这是一匹好马。二世皇帝以为赵高口误，更正道，这是一头鹿。赵高却胸有成竹地说，是皇上看错了，这分明是一匹马。二世皇帝将信将疑，问手下的文武百官，大臣们慑于赵高的权势，纷纷倒戈说，这是一匹马，只有少数刚正的官员说，这是鹿。赵高怀恨在心，后来找各种借口铲除了异己。这就是“指鹿为马”这个成语的来源，而其中的鹿就是来自于白鹿原上。

此外，白鹿原还引领着时代潮流。在西汉的墓葬里，曾出土过麋鹿角制成的印章。唐代诗人白居易厌倦了官场的尔虞我诈后，独自骑马来到这里，写下了一首《城东闲游》：“宠辱忧欢不到情，任他朝市自营营。独寻秋景城东去，白鹿原头信马行。”到了元代，这里形成了一个村落，叫作麋村，因为历朝历代都捕杀麋鹿。民国时期，麋鹿在此地灭绝，麋村也演变成今天的迷村。

当代作家陈忠实的著作《白鹿原》，就以这里为背景，描写了两大家族祖孙三代的恩怨纷争。如今的白鹿原，在经历过多年的破败荒凉后，新修的柏油马路和拔地而起的大学城都让这里重新焕发出了青春的气息。他仿佛是一幅硬朗的工笔画，或许面孔早已模糊，但轮廓依然栩栩如生，每一笔画出的都是一段显赫的历史。

阎良区

商鞅在这里变法

西安城北边的阎良区颇有历史积淀，曾经叫作栎阳城。公元前383年，秦国从凤翔县将国都迁到栎阳。当时，栎阳包括今天临潼以北和阎良区大部分地方。此后，秦孝公在此进行商鞅变法。后来为了控制渭河河运，才又把都城迁到咸阳。刘邦灭秦后，项羽将关中地区一分为三，塞王司马欣的王府就在栎阳。西汉建国后，也曾在栎阳临时建都七年。萧何在这里为刘邦打天下筹集粮草，刘邦的父亲在栎阳去世，安葬在阎良北原。

此后在历朝历代，栎阳城都是长安周边一个重要的县。到了元朝，栎阳县并入临潼。一直到1966年，西安市阎良区成立，成为一个市辖区。关于阎良这个名字的来历，有三种说法。在民国时期，阎良城区东边，东广合村南有两座大墓，传说是三国时期大将颜良、文丑之墓，所以这里叫作“颜良”。第二种说法是，这里有姓阎的人和姓梁的人居住，因此得名。第三种说法，和商鞅变法有关，秦孝公召见商鞅，商鞅汇报了具体变法和治理秦国的意见，商鞅谈到最后，很是兴奋，说：“如果变法成功，大秦就能国富民强，栎阳古邑，闾阎良善。”“闾阎”指的是平民百姓生活的地方，“良善”表示民风淳朴，安居富足。后来就从“闾阎良善”中取“阎良”二字作为地名。

就像冥冥中自有注定，秦汉大一统曾在这里起飞，而今天，阎良区是集飞机设计、制造、教学、研究于一体的航空城，号称中国的西雅图。曾经的历史过往，已是寻常，曾经居于此地的秦王汉皇，已成篇章。他们相逢在阎良区，把故事埋藏在长安城，源远流长。

钟楼

春晚唯一指定钟声

钟楼修建于公元1384年，当时，明太祖朱元璋刚刚登基不久，关中一带连连发生地震，民间相传长安城下有一条地下河，河里有条蛟龙，每当蛟龙翻身时，长安就会震动。于是，朱元璋请大家出主意制伏这条蛟龙。一群道士给他想了个别出心裁的办法，即在西安修一座钟楼，钟乃天地之音，可以镇住蛟龙。为此，朱元璋修了一座全国最大的钟楼，并调了“天下第一名钟”景云钟前来助阵。现在，景云钟声也成为了每年春晚倒计时的唯一指定钟声。

钟楼最初的地址是在西大街以北的广济街口。明朝万历年间，朝廷税收增加，社会矛盾严重，全国各地许多城市相继出现了民众与政府的冲突，出于防范城市内部的目的，陕西巡抚龚懋贤于1583年将钟楼移到现在所在的位置。从这个地方可以瞭望全城，观察市民的动向，不论有任何变故，都方便迅速做出反应。同时，钟楼还设有四个门，成为联系四条大街的中心，从而有利于及时扑灭城内发生的一切反抗活动。

清朝时，西安城分为汉城、满城、南城，以钟楼为界，东北边为满城，驻扎的是八旗兵，西边是汉城，驻扎的是汉军队伍，西安城的性质也由以往的政治行政中心，变为单纯的军事堡垒。1911年10月22日，西安同盟会响应武昌起义，起义军从南门进城，清兵以东门和钟楼为制高点，与起义军对抗，起义军从西、南两面夹击满城，最后攻克钟楼，西安也就成为了第一个响应武昌起义的城市。

如今，钟楼已成为西安最具有标志性的建筑。一条中轴线，承载了六百年全部的记忆，一缕钟声，唤醒世间多少迷梦之人。人流涌动，它于黑暗迈入晨曦，自黄昏敲向黎明。

草场坡

最早的苜蓿种植地

汉武帝时期，张骞出使西域，回国后向汉武帝详细汇报了西域各国的风土人情和军事情况，分析了匈奴军队厉害的原因。一是，他们用的是汗血宝马，二是，马吃的饲料叫作苜蓿，这种植物喂养汗血宝马是标准配置。当时，汉朝作战使用的是蒙古的矮脚马，从装备上输了一筹，汉武帝当即决定着手培养西域的汗血宝马，并引进苜蓿这种植物，在今天的草场坡种植。这是关于草场坡最早的记载。

隋朝建立后，隋朝长安城的修建以六道高坡为基础，按照易经六爻规划，草场坡属于九五坡道，只有九五之尊的皇帝才能居住，位置极为尊贵。当时，隋文帝已经将皇宫选在城北，因此放弃此地。后来，唐玄宗时期著名宰相张说、唐宪宗时期宰相裴度，都看重这里的风水，在这里定居。在他们住宅旁边是唐朝官马的草场，马蹄声声，往来不绝。宋代以后，开阔的马场变成集市，商户云集，买卖不断，叫作草市，因为地势高出旁边不少，因此得名草场坡。到了明代，大批的移民迁到这里，在草场坡繁衍生息，并形成村子，取名为草场坡村，一直延续到新中国成立以后。2008年，草场坡城中村开始拆迁。

如今草场坡处于繁华的中轴线上，在长安路的口上还有石碑讲述它的过往。它说两千年的过往都很苍凉，能守候到最后的，是汉唐的草场，可历史早已沁入微凉，不听眷恋，不诉离殇。

长乐坡

改名字上瘾的隋文帝

从前浐河清澈明亮，这里处处杨柳成荫，野花芬芳，是一个风景十分秀丽的地方。在浐河的西岸，有一道地势较高的地方叫作“浐坡”。隋朝建立后，隋文帝觉得浐坡的“浐”和悲惨的“惨”读音接近，不吉利，就改名为“长乐坡”，快乐和悲惨刚好是反义词。

长乐坡的来历还有一种说法。相传隋炀帝杨广或者唐中宗李显年间，在此地修建了一座长乐宫，故有此名。相传，这里还有一处平台叫作晾经台，是唐僧取经回来晾晒经书的地方。在古代，长乐坡可直通长安城东边的城门，是长安到东边各地的必经之地。所以，这里和灞桥一样，是一个送别的地方。古人习惯折柳送别，因为柳树的“柳”和留下的“留”谐音，所以“折柳”表示挽留之意。唐代著名诗人白居易就在此地写过一首《长乐坡送人赋得愁字》的诗，“行人南北分征路，流水东西接御沟。终日坡前恨离别，谩名长乐是长愁。”晚唐诗人温庭筠也写过“青门烟野外，渡浐送行人”的句子。

明清时期，长乐坡褪去了光环，无人管理，芦苇丛生，由于坡度很陡，路也很窄，只能容下一辆马车通过。新中国成立以后，长乐坡开始整修，昔日的高坡被平坦的马路代替，周围兴建了很多工厂。地铁一号线穿越其中，沟通了东西的距离，地铁长乐坡站标识为隋长乐宫望春亭复原图“长乐别亭”，取白居易送别古诗的寓意，通过对柳枝、别亭、浐水等元素的描绘，与现代城市高速发展融合在一起。

人说长乐未央，不过是转眼土坡断墙，岁月静好，模糊了旧时的模样。再也想不出比长乐更好的词，再也找不出比长安更好的历史。

广运潭大道

唐朝的水上展览会

西安城东的浐河和灞河，自古以来就是长安城的水上交通要道。汉武帝年间，国力强盛，皇帝下令开凿从潼关到黄河一百五十公里的大运河，取名为“漕渠”，漕渠把江南和中原进贡的钱粮，运往长安，保证长安城的供给。汉朝以后，乱世纷争，漕渠无人管辖。隋朝时，将漕渠改名为望春潭，但隋朝太过短暂，无暇管理望春潭。

唐朝建立后，关中人口剧增，但唐朝初期自然灾害严重，国家经济不发达，当时的皇帝不得不多次去往洛阳居住，因为洛阳的交通、水运均比长安发达。当唐朝进入唐玄宗时期，国力极为强盛，唐玄宗想起昔日被遗弃的漕渠，要改变长安城的水运，在此一举。堵塞的漕渠历时两年重新被挖开，南方的精美锦绣、特产、大米纷纷运往长安，在码头上堆积如山。唐玄宗登上望春楼欣喜地看到如此盛况，欣然命笔，将隋文帝的望春潭更名为广运潭。

唐玄宗还在广运潭上举办了一次规模盛大的水运展览会，共有全国二百多支船队参加，船上载着各地的金银珠宝、绫罗绸缎、名酒茶叶，非常热闹。不过，在扩建广运潭的工程竣工后不久，便发生了安史之乱，长安沦陷，广运潭昙花一现。虽然后来唐肃宗再次兴建广运潭，但唐朝逐渐衰落，广运潭周围的船只不断减少。唐朝以后，长安再也没有成为王朝的都城，因此，这条人工运河和广运潭码头消失于历史的大浪中。

新中国成立以后，未央区以大汉文化和盛唐文化为主线，开始命名西安城北边的道路，将这里命名为广运潭大道。时间就像曾经的码头，收留历史的停留，广运潭的道路，多少繁华从这里登陆？又有多少结局从这里消逝东流？

北苑

超级替补成就大唐第一球星

北苑的“苑”在古代刚开始是指树木茂盛，有水且饲养禽兽的地方，后来演变成皇帝游玩打猎的皇家园林。因为古代的“苑”不允许老百姓进入，所以又叫作禁苑。隋、唐两朝，无论是太极宫还是大明宫，都靠近北边，皇宫以北地势低平，没有任何屏障，而当时西边和北方的少数民族经常南下，出于保护皇宫和长安城的目的，才修建的禁苑。

禁苑北到渭水，向西包揽了汉长安城，南接皇宫，东到浐河、灞河东岸。苑内有离宫亭观二十四所，还有十一座闲雅的小亭和五座桥散布于苑中。禁苑中有柳树园、桃花园、葡萄园等等。还有唐朝著名的宫廷机构梨园，有许多美貌多姿的梨园弟子，专门攻习研究音乐舞蹈。因为在秦岭有南苑，所以，北边的禁苑就叫作北苑。

唐朝初期，唐军连续几次打败了吐蕃。公元709年，吐蕃摄政太后没禄氏派使者来到长安，向唐朝皇帝提出和亲，唐中宗李显答应将金城公主嫁到吐蕃，并在北苑宴请吐蕃使者。吐蕃使者要求和大唐举行马球比赛，唐中宗派出国家队与吐蕃一战，没想到，吐蕃球员技高一筹，唐朝球队不是对手，就在此时，临淄王李隆基，就是后来的唐玄宗替补上场，他往来奔驰风驰电掣，挥动球杖，所向无敌，连连洞穿对手大门，并大获全胜。当时的马球国家队，绝对是世界冠军强有力的争夺者。

如今皇家园林早已远去，宫廷机构也不复存在，北苑地铁车标上亭台小桥正是当年大唐盛世的缩写。翻开历史，除了那些斑驳的记载，还有唐代诗人卢纶写北苑的《春词》："北苑罗裙带，尘衢锦绣鞋。醉眠芳树下，半被落花埋。"

鸡市拐

什么酒让杨贵妃喝醉了

鸡市拐在明清时期位于东郭城内，是东关正街的东段，确切位置应该是更新街南段和东关正街交汇处。当时，由于东关十分繁荣，形成了各类市场，很多农户把公鸡、鸡蛋拿到这里来卖，形成了一个集中的市场，人们约定俗成地把这里叫作鸡市。而在以前，东关正街并不是一条笔直的道路，到更新街南段是一块突起的高地，人们走过这里就顺势拐过这个高地，所以，就有了鸡市拐这个名字。

其实，鸡市拐最有名的不是市场，而是美酒。盛唐时期，长安城东的黄桂稠酒十分有名，唐玄宗带着杨贵妃来到鸡市拐一带饮酒，美酒香甜，贵妃和皇帝对饮数杯后微微显出醉意，对稠酒赞不绝口，同时，将身上的桂花送给店主，店主得到贵妃的赏赐，随即将桂花种植在藏酒的花园中，桂花生根开花，店主又将桂花用蜂蜜腌制后兑入酒中，使稠酒更具特色，香远益清，花开时节，桂花和美酒同醉。"黄桂稠酒"之名由此传开，李白、张旭等饮中八仙在此醉倒，因此，有了八仙庵的典故；鲁迅先生到西安讲学，多次要求要醉饮稠酒；宋庆龄、郭沫若来西安考察，郭老品尝此酒，高兴异常，诗兴勃发，连声称赞此物：“似酒非酒胜似酒！”

如今的鸡市拐，虽然鸡市早已悄然消失，但是，名称却一直延续使用，只是当年的“拐”变了模样，成了标准的丁字路口。站在这个路口，看到的是东门外路两侧的高楼大厦，是东关正街上川流不息的车辆，是那盛唐时代的贵妃醉酒，是那醉卧东市的饮中八仙。

曲江

隋文帝改名升级版

秦朝时，曲江是一片天然的水池沼泽，称为“隑洲”，隑就是曲岸。当时，还在这里修了一座宜春宫，是秦朝天子的私人别墅。秦朝统一仅仅十五年后，二世皇帝被宦官赵高谋杀，以百姓葬礼的规制葬在隑洲。汉武帝时，根据这里的水流曲折，地形起伏，取名为“曲江”，这是曲江名字最早的来源，这个名字沿用了六百多年。

隋朝建立，隋文帝命令宰相高颎（jiǒng）和建筑师宇文恺负责修建大兴城（长安城）。经过一年的时间，大兴城拔地而起，隋文帝非常满意，唯独对曲江这个名字头疼不已。他觉得，大隋王朝千秋万世，“曲”这个字不吉利，让宰相高颎给这个皇家园林重新起名字，高颎冥思苦想，一时难以有更好的名字。有一天晚上，高颎坐在曲江池中，看着水中莲花盛开，异常美丽，莲花有一个雅称叫作芙蓉，何不以将曲江改名为“芙蓉园”？隋文帝一听大喜过望。经过隋朝的一番改造，芙蓉园又以皇家园林的身份出现。

唐朝在隋朝芙蓉园的基础上，扩大了园林的建设规模和文化内涵，这里成为皇家贵族、平民百姓汇聚之地。每年农历的三月三日，是科举考试进士放榜的日子，所有上榜中第的考生都会在此期间踏着仲春的草色，应皇帝之邀，参加皇帝在这里为他们专程设下的曲江宴。因为举办这场宴会的地点一般会选在曲江岸边的一处杏园中，所以，曲江宴也叫“杏园宴”。在这场御赐的宴会中，各位才高八斗的进士为一展平生所学，便会效仿古人“曲水流觞”的习俗，把酒杯放在盘子上，让它在曲江上随水流转，酒杯流到谁的面前，谁就要执杯畅饮，并且即兴赋诗一首，由众人对他所作的诗篇进行赏析、评比，这就是著名的“曲江流饮”。

如今的大唐芙蓉园是在隋、唐两代芙蓉园遗址上修建的，是中国第一个全方位展示盛唐风貌的皇家园林式主题公园。曲江之岸，南湖之畔，古人把芙蓉折成一段历史，把隑洲化作一段流觞。酒入豪肠，七分成月光，剩下的三分啸成了剑气。曲江一地，尽显半个盛唐。

下马陵

敢把皇帝拉下马的人

说到下马陵，不得不提西汉儒学大师董仲舒。董仲舒在汉景帝刘启时来到长安，成了朝廷的儒学博士，类似于我们今天的教授或顾问。在这期间，董仲舒专心读书，几年过去后，董仲舒的学问愈加精深，成了远近闻名的大师。到了汉武帝时，董仲舒提出“罢黜百家，独尊儒术”，并且鼓吹“君权神授”，受到汉武帝的重用。汉武帝采纳了董仲舒的建议，在中国文化思想上产生了极大影响。从此，儒家文化成为中国封建史上的正统。

董仲舒去世后，汉武帝亲自为他选择安葬之地，并修建祠堂。出于对董仲舒的尊敬，据说，汉武帝每次经过他的墓地时，三十丈之外，便下马步行。从此以后，便形成了一条规矩：上至达官显贵，下至平民百姓，无论是骑马还是乘轿，凡经过董仲舒的墓前，都要下来步行，下马陵的名称便由此产生。也有学者提出，在今天西安市西边的兴平市汉武帝的陵墓茂陵的旁边，有一座墓冢，相传才是董仲舒的墓。同时，墓冢附近有一个村庄，名叫“策村”，名字就来源于董仲舒提出的“天人三策”。村中大部分村民都姓董，相传他们就是董仲舒的后代。

下马陵的第二种说法，这里曾经叫作“蛤蟆陵”，因为关中话“蛤蟆”与“下马”发音相似，所以误传为下马陵。白居易著名的诗作《琵琶行》里写道：“自言本是京城女，家在蛤蟆陵下住。”同时代的诗人皎然也写道：“翠楼春酒蛤蟆陵，长安少年皆共矜。”

如今的下马陵有纪念董仲舒的董子祠、凉亭和董仲舒墓，这里是陕西省第一批重点文物保护单位。下马陵道路长825米，董仲舒祠堂里，草木春深，斑驳的大门，盘踞着老树根，路面青石板上，回响的是那一段君臣之义的永恒。

大雁塔

白居易一生最得意的时候

相传，在很久很久以前，今天的印度半岛上有一个国家叫“摩揭陀国”。这个国家非常信奉佛教，但是每天吃斋念佛，老是饿肚子。有一天，天空中飞过一群大雁，和尚看见了以后，抱怨道：“菩萨，我们快饿死了，你也不管我们的死活！”刚说完，一只大雁从空中落了下来，当场死在和尚的面前。和尚们一致认为，这是佛祖通过大雁来教导他们心无杂念，一心向佛。于是，他们就在这里以隆重的仪式埋葬了这只大雁，建造了一座佛塔，取名为“雁塔”。

玄奘到印度取经，看见了这座雁塔，非常景仰。回国以后，于公元652年，在慈恩寺的西院，建造了和印度雁塔一样形式的佛塔，取名为“大雁塔”。玄奘也成了这里的第一位方丈住持，被尊称为“三藏法师”。

唐代科举考试后，金榜题名的学子都会在曲江被皇帝宴请，酒足饭饱之后，他们便纷纷来到大雁塔，选一个书法出众的人，把他们的名字、籍贯等详细信息写在大雁塔下，如果以后学子们有人当上了宰相，回头还要让人用红色的笔迹把自己的名字重新写一遍。他们以在大雁塔题上自己的名字为最高荣誉，这就是“雁塔题名”。这个故事的起源是在唐中宗年间，一个名叫张莒的进士，他在曲江喝完酒后晃晃悠悠，想着大雁塔的气势和自己取得的成绩相映生辉，于是，张莒挥毫泼墨，留下了自己的名字，引得后来的学子纷纷效仿。其中，最有名的当属白居易。他的一句“慈恩塔下题名处，十七人中最少年”被传唱一时。

到了唐朝末年，宰相李德裕不是通过科举考试当官的，所以，心里对这帮学生是各种嫉妒，下令任何人不得去大雁塔留下自己的名字。北宋年间，因为火灾，把大雁塔上题的名字、壁画全部烧掉了。

如今的大雁塔，已是西安城最具代表性的建筑。经书，佛塔，寺院的一砖一瓦，都是唐朝对佛学的升华而来的无私信物。那一世，玄奘踏过万里黄沙，寻到天涯；那一世，高僧转过三千佛塔，了不却对于彼岸的牵挂。

西羊市

为什么吃泡馍要加糖蒜

西羊市位于鼓楼以北，东起北院门，西至庙后街东口，长419米。在唐代，这里处于皇城第三横街中段，是唐朝殿中省所在地，殿中省就是管理皇帝衣食住行的宫廷机构。到了元代，由于长安城不再是政治中心，昔日的皇城变成市场，这里在当时成为羊、马等牲畜的交易市场，统称为羊市，根据方位，有了东羊市和西羊市。

西羊市有最早的羊肉泡馍。当时是没有糖蒜和辣酱的。清代满族人常到这里吃泡馍，他们吃东西喜欢随身携带糖蒜和辣酱，后来大家发现泡馍和糖蒜辣酱搭配在一起很好吃，于是演变成泡馍馆免费送糖蒜和辣酱。回坊上有很多小吃，都有当年满族人的痕迹。

1938年秋，日军对西安城进行轰炸。当时的回民坊上，成立了许多抗日组织，积极开展抗日救国活动。周恩来、白崇禧等，都对坊上的救亡工作给予过肯定。他们把抗战新闻编成简报，在坊上宣传，并教唱抗日歌曲，画抗战漫画，激励士气。不少东北军将士也住在西羊市。回坊还成立了西安回民青年战地服务团，不少西羊市的回民也参加，维持突袭警报后回坊的治安，救死扶伤，做了大量的工作。

如今的西羊市已经成为西安城最有名气的小吃一条街，一壶一世界，一碗一乾坤。西羊市本身就是一张名片，美食、历史又富有文化，且留些光景在坊上，只为浮生半日，不忆往昔，亦不做未来想。

马厂子

古代的驿站体系

在今天西安城内，连接东大街和东县门的街道叫作马厂子，要说马厂子，先得说说古代的驿站。

秦始皇统一天下后，设置了最初的驿站“亭”，凡是军情汇报、货物流通、信件传送，都可以在驿站中住宿、补给。驿站之间相隔二十五公里，相当于一个成年人一天的往返距离，最早的邮差都是徒步的。汉朝扩大到一百五十公里，因为送公文的人员可以骑马。驿站有驿长，还有其他工作人员。这些人平时要负责维护驿站的安全，把马匹饲养好，当邮递人员到达驿站时，要换一匹新的马给邮递人员，如果不换，就要打八十大板。这些最底层的邮递人员，组成了古代社会的驿站体系，不论烈日、寒风、大雨、冰雪都身背公文袋，日日夜夜奔跑在驿道上，还不能延误期限，因此压力很大。

马厂子曾经是明清时期的京兆驿，这也是西北最大的驿站。京兆驿里面有饲养马匹的马场，因此，这里得名为马厂子。清代以后，近代通信业高速发展，驿站马场便退出了历史的舞台，在西安第八中学里，还有驿站的马槽残留于此。

或许驿站本身就是一场漂泊的旅程，走过的每一条街，遇到的每一个人，都会成为过客。曾经被王朝委以重任的马厂子，已经淡忘。对于曾经的驿站，只能剪辑，不能驻足。对于曾经的过客，只能感激，不能继续。

木头市

救下那个叫杨虎城的人

在西安城南大街两旁，有一条东木头市和西木头市的街道。这里的历史要追溯到唐朝。当时，这里属于长安城皇城少府监所在地；到了宋朝，这里叫作“菜市”；金代的时候又叫作草场街；明清以后，这里云集了很多木材加工的门店，以及木器作坊，因此得名为木头市。民国年间，以南大街作为分界线，分东、西两个木头市，这个地名一直沿用至今。

因为离市中心很近，这里早年成为很多人住宅的首选。陕西早期同盟会会员、辛亥革命先驱高又明先生就曾经居住于此。另外，窦自强也曾在这里居住。他的故事非常传奇，窦自强早年在韩城教书育人，当时，杨虎城将军正被官军追杀。窦自强路见不平，挺身而出，将杨虎城藏在黄河边上的窑洞中，管吃管喝，杨虎城也顺利逃过一劫。杨虎城对窦自强十分感激，后来，杨虎城整顿兵马，邀请救命恩人窦自强加入，并担任自己的副官。在东木头市这个地方买了一处宅院送给窦自强，窦自强一家便在此住了下来。后来，杨虎城和张学良扣押蒋介石，发动西安事变，窦自强一路跟随。但是，西安事变和平解决以后，张学良被软禁，杨虎城在新中国成立前被杀，窦自强也离开了军队，在东木头市颐养天年。

如今，木头市这条街道早已没有当年木材作坊的影子，而那些革命年代的传奇故事，在巷子里也鲜为人知。历史其实很像一块未经雕琢的木头，或者选择熊熊燃烧，或者选择慢慢腐朽。

子午大道

最古老的川陕栈道

在长安区子午镇境内有一条河谷，名字叫作子午峪，“子”在古代表示正北方，“午”表示正南方。从名字上能看出，这是古代沟通长安和南方的交通要道。

栈道是古人在悬崖陡壁上开凿出来的一条小道。栈道的修建是先在峭壁上凿一个洞，再把木桩打进洞，然后在木桩上铺上木板，做成供人们行走的路。与其说是一条路，莫不如说它是一条悬在空中的木桥。秦朝灭亡的时候，刘邦从子午道经过，去往汉中；三国时期，魏延曾经设想从子午道偷袭长安，但被诸葛亮否决；魏国大将钟会却从这条道路南下，攻下汉中。唐代诗人杜甫曾到此拜访老朋友，并写了一首诗描写子午谷的情形，其中两句为：“故人今居子午谷，独向阴崖结茅屋。”唐玄宗为了满足杨贵妃爱吃荔枝的嗜好，从子午道加急运送。晚唐诗人杜牧回顾这段往事，写道：“一骑红尘妃子笑，无人知是荔枝来。”所以，后来又把子午道叫作荔枝道。

明朝末年，农民起义军李自成进军长安，派人打通子午道一路南下。1932年，红四方面军两万多人在徐向前的领导下，开辟川陕革命根据地，进军子午镇，在此歼敌两个营。1949年，解放军在子午峪中与国民党胡宗南部队展开激战，并歼灭了敌人的残余部队。

因为有了这条横跨两千年的子午古道，所以，有了子午峪、子午镇，以及子午大道。今天的子午古道已经失去了交通要道的地位，但子午峪里当年的遗迹处处可寻，两千年来，商队、挑夫、猎户无数次穿梭其中。狭窄的栈道仰头是苍穹，俯看是深渊，子午道于沧桑过后，已不被人记起。回眸，也唯有秦岭依旧，岁月不老！

北辰大道

北辰与众星的关系

《论语》里讲："为政以德，譬如北辰，居其所而众星拱之。"北极星古汉语叫作"北辰"，由于地轴向北指向北辰，所以，在北半球观星象，你就会看到所有的星星无不围绕着这颗星旋转。孔子在北辰与众星这个天象里看到了一个社会伦理关系最好的模型：君王和他的子民就应该像北辰与众星一样，每颗星在一种看不见的伟大引力的作用下，各居其所，各自沿着自己的轨道运行，各自承担着自己的命运和角色。一旦轨道紊乱，就会毁灭或者飘散。

西安城北有一座北辰村，此村位于灞水之滨，渭水以南，从宋朝开始，就已经有人在此定居，所以相应地就有了北辰大道。北辰这个名字有三种说法。传说有一位太监奉命在长安城挨着城墙修建一座岳王庙，以纪念南宋抗金爱国名将岳飞。这名太监本来就是长安人，所以将岳王庙修在了自己的村子里。为了不让皇帝发现，他还在村子里修建了一道城墙，作为长安城的一段，用来蒙蔽皇帝。在城墙的东西各修建了一个牌楼，西边牌楼上写着"众星旋绕"，取北斗星辰的意思，所以，后来这个村子就叫"北辰村"。

第二种说法，在南宋年间，西安城东北边有几座庙宇，东边有“四圣庙”，西边有“桃花姑娘庙”，南边有“财神庙”，北边有“观音堂药王庙”，观音堂药王庙里有几口大铁钟，是村里的大户捐助铸成的，因为这里庙宇多，供奉的神仙也多，所以称之为“白神村”，后演变为“百家神堡”，简称白神堡。因为百和北，神和辰谐音，所以，又叫“北辰堡”。

第三种说法，根据《咸宁长安两县志》记载，在唐代，三环以北属于禁苑，是皇帝驻军的地方。而在禁苑的东北部有一座城门，叫作北城门，后来唐王朝覆灭，北城门被毁，老百姓迁到这里定居，演变成北辰村。

三种说法现在已经很难分辨真伪，但北辰和这条路的历史却再也分离不开。其实，西安城的每一条道路都是众星中的一颗，而长安城就是那最亮的北辰星！

韦曲

这里没有啥，只出宰相

渭河有一条支流叫作潏河，潏河流经长安城南，因为有韦姓人聚集，故名“韦曲”。从汉至唐，长安县有宰相六十多人，而长安韦氏家族就有二十二位，杜氏家族十一位，这在全国都是少有的。所以说：“长安韦杜，距天尺五”。历史上第一个退休的丞相韦贤便居住于此，后来北周名将韦孝宽、不肯依附权贵的宰相韦安石、善于权谋且野心勃勃的韦皇后，均来自于韦曲。不仅如此，唐宋八大家之首的韩愈、凌烟阁二十四功臣李靖之弟李客师、中唐汾阳王郭子仪的偏将何昌期都在韦曲有私人别墅。唐朝韦固早年遇见老者，用红线牵连姻缘，有了月老的传说。

唐朝中期，家住韦曲的太子少保韦夏卿将自己的女儿韦丛，嫁给名不见经传的元稹。元稹早年时运不佳，韦丛义无反顾地跟随。韦丛生前十分仰慕元稹写的诗，但是，元稹却从来没有为妻子写过一首诗，韦丛早逝，元稹一首接着一首悼念她，却永远无法唤醒爱妻了。元稹写下了“曾经沧海难为水，除却巫山不是云”的句子。这段刻骨铭心的爱情让元稹创作了《莺莺传》，后来，元朝杂剧作家王实甫经过改编形成了文学巨著《西厢记》。

韦丛这样一个富家千金，从来没有抱怨元稹在官场的失意，也不在乎生活的窘迫。他们的爱情平平淡淡，却让诗人想念了一生，世人想念了千年。在元稹诗句的字里行间，难以割舍的不仅是曾经沧海，更是那个出生在韦曲叫作韦丛的唐朝女子。

里花水

忆过杨柳渚，走马定昆池

唐中宗李显继位后，太后武则天把持朝政。李显想重用自己的岳父韦玄贞来牵制武则天，把韦玄贞由普州参军提拔为豫州刺史，还想晋升为宰相，其他大臣表示不能这么做。李显很愤怒地说：“我把天下给韦玄贞都可以，你们管得着吗？”这话被武则天知道了，直接将继位才五十五天的李显降为庐陵王，贬到湖北。

在远去湖北的路上，李显的妻子韦后生下了一个女儿。李显脱下自己的衣服包住了她，因此为她取名为李裹儿，也就是后来的安乐公主。在湖北期间，李显担心武则天会对他下毒手，每天提心吊胆，受尽人间苦难，只有自己的妻子和孩子一直陪伴着他。二十一年后，重登帝位的李显，对于患难与共的妻子韦皇后，以及爱女安乐公主十分宠爱，这也造成了安乐公主的骄横跋扈、目中无人。她公开卖官鬻爵、干预朝政，她要求李显立他为皇太女，她憧憬自己能够像武则天一样，当一回女皇帝，并且大肆修建自己的宫殿。对此，溺爱女儿的李显非但没有阻止，反而还一律应允，之后，安乐公主更是变本加厉地向李显索要长安城西南边的昆明池。

李显考虑到昆明池是周围百姓饮水的要地，没有赏赐给她。未能如愿的安乐公主非常气愤，她私自遣散了昆明池周围的百姓，拆掉了百姓的房子，然后又从国库里拿出百万两银子，在昆明池的旁边重新修建了一座大型的水池，取名为“定昆池”，意思是可以和昆明池相媲美的水池。新修的定昆池景色迷人，池中种下了许多漂亮的水草、植物，池面开满了各类花朵，所以，当时又把这里叫作“里花池”，后来则演变成了今天的“里花水”。

史书记载，安乐公主曾是大唐初年的绝色美人，正如她的杰作“里花水”一样，美艳不可方物，可是，这一切终究是镜里花水中月。短短几年后，李隆基发动“唐隆政变”，奢靡无度的安乐公主最终死在了乱刀之下，年仅二十五岁。一念执迷便骄奢纵欲，不过是红颜转瞬，繁华云散。

白鹭湾

大自然的搬运工

在古代，一个城市的大小往往取决于水资源的多少。历史上的长安城都曾规模宏大，人口越多，对于水的需求就越大。在多数状况下，解决的办法就是建造一条引水渠，可以将周围的河流或者山上的水源引到城内。

明清时期，西安城有两条供水渠道，一条是从城东流入西安城的龙首渠，另一条则是由城西流入西安城的通济渠。通济渠从长安区申店乡流出，到丈八路，从丈八头再到安定门，然后流入瓮城，兜一圈然后进入城里，往东南流到今天的白鹭湾。“湾”解释为水曲，这里是渠水弯曲的地方。那么白鹭是什么意思呢？根据《西安市地名志》记载，清代白鹭湾西侧有一个大水池，经常会有各种飞鸟来此觅食，其中，包括白鹭，所以这里得名为白鹭湾。

那么，问题又来了，通济渠到这里为什么会形成一个大水池呢？因为通济渠的水来自于河流，河水的水量一年四季是不稳定的，会有枯水期、平水期和丰水期。平水期能保证西安城的供水，但是，丰水期水量大造成浪费，而枯水期又没有水，老百姓吃喝都成问题。因此，在沿途设置一些蓄水池，丰水期的时候将水储存起来，枯水期再开闸放水，合理利用。

我们可以想象几百年前，这条通济渠承载了多少老百姓的憧憬，来往而无所牵绊。时光荏苒，水渠已经消失，不复昔日的光彩灿烂。白鹭湾这个名字仍在西安的地图上，只是已经无法找到何处是水渠停泊的岸边，何处是白鹭避风的港湾。

后记

高　宇

朋友，如果您常听陕西交通广播，或许知道“长安处处有故事”这个小节目。从2013年开播，已讲述了456处地名，包括西安城的街、巷、门、路、村和其他有来源的地名。如果说，一个异乡的团队把浮萍青春的梦想交给一个地方，那就是长安。我常说，喜欢历史文化的人都有一个长安情结，或是醉倒在大唐西市，或是徜徉在朱雀大街，抑或是奔跑在明代城墙。我给自己准确的定位是“西安历史的讲述者”，我们想把更多的历史挖掘出来，讲给大家听，讲给长安城这位老者听，看看几千年来他的辉煌过往与岁月沧桑。

其实，节目成熟后，我们就想做一本书，其中历经很多曲折，一直对稿件不满意，反复修改重写了八次才定稿。其间又开了多次失眠的会议，拜访各路专家指点，获益匪浅。稿件被改得七零八落，内心被一次次击碎。说实话，刚开始做这个节目，更多的是凭借着爱好去挣一份工资，几年下来，多了一份责任和使命。这其中，我们团队接到各级领导、职能部门、学生家长、司机师傅等不同听众的反馈，更多的是给予鼓励和支持，并对这样一本书籍的出版抱以期待。我个人认为，长安城最大的特点是包容，它包容了来自甘肃姬姓的西周王朝，来自楚国刘邦的大汉江山，具有鲜卑血统的大唐帝国；包容了作法自毙的商鞅，国士无双的韩信，成人之美的杨素，桀骜不驯的李白，也包容了我这样一个普通话不标准但喜爱西安历史的人。

当然，完成这样的项目，更像是一场拉锯战。书里面的每一个章节，每一个词组都是我们翻阅大量资料斟酌而成，蕴含着前人的记载，也流淌着我们的心血。我很感激在青春将逝之前，能有这样一段经历，让每一天的节目如此生动。感谢彼此执着的奋斗，感谢团队不愿甘为人后！若干年后，我们都会老去，回首往事，终不会有蹉跎岁月的遗憾了。

有人说，爱上一座城，也许是为城里的一道生动风景，为一段青梅往事，为一座熟悉老宅。或许，仅仅为的只是这座城。就像爱上一个人，有时候不需要任何理由，没有前因，无关风月，只是爱了。

要说感谢的人其实很多，感谢曹信先生为节目提供的创意；感谢申小毅先生、张光荣先生、史晓东女士、王海峰先生对本书出版的支持；感谢为这本书提供学术支持的韩鹏杰老师、张爱萍老师、吉广利老师、马彦群老师、雒长安老师、王大毛老师、王喜严老师、闫晋瑛老师、高昱老师、左伟老师；感谢好友何清、郑丹阳、王丹、王博、乔山、冯仕祺、戴军、秦呈辉、周围、吕群、阳婷、郁叶群、袁浩博、张帆的帮助；感谢一直支持我们的听众，也感谢一路上没有放弃的自己。希望这样一本书，让所有的西安人，以及有长安情结的人能找到归宿。

朋友，无论多忙，我们都想邀请您一起来阅读一本行走在长安城的书，可否？